グローバル異文化交流史

大航海時代から現代まで、ヒト・モノ・カネはどのように移動・伝播したのか

御手洗昭治［編著］
小笠原はるの［著］

明石書店

はじめに

現代は地球規模で国境を越えるヒト・モノ・カネ・情報・金融・資本・サービスなどの流動化が進んでいる。この状況は「ボーダレス化」と呼ばれている。他方、国連の加入国をみてもわかるように、国の数が増え、多くの人びとが陸・海・空の交通手段を通して多くの国境を越えられる時代になったため、今の時代は「ボーダフル・ソサエティ」とも呼ぶことができる。これらの流動化は異文化や各国の人びとの日常のライフスタイルのみならず、経済的、政治的、社会文化的なネットワークの強化と共通化に影響を与えている。この現象が「グローバリゼーション（Globalization）」と呼ばれるものである。多国籍企業にみられる異文化とのビジネス交流、文化交流もあれば、移民など労働力の国境を越えての移動も含まれる。

また今の社会は、グローバル化の進展とともに、人びとの交流、移動が活発になっているが、地球規模で海を渡り、往来した大航海時代にも海路が中核的な働きをすることによってグローバル化を推進させていた。特に港を拠点に一つの海域国家、海洋国家を作っていた。大航海時代にも世界には港町が無数にあり、人びとは、そうした異文化の港を渡り歩いては、交易を通しての取引（物々交換のバーターや交渉）に冒険的ヒューマン・コミュニケーションを通しての活動を行い、人生を送っていたのである。こうしたライフスタイルを反映して、港自体が定着性のないものであった。それが、一五世紀半ばから続いてきたのが世界の海域・海洋の世界（グローブ）である。その世界は、海という生態を通して張りめぐらされた人びとの異文化間の交流、コミュニケーション活動を通して、現代でいう通商貿易の「交易ネットワーク」をつくりだした。

ヨーロッパの地中海以外の海洋アジアも活発な民族交流の場であった。例えば、コショウの起源はインドネシア西海部のスマトラやインド南部のマラバールという説が有力だ。コショウは紀元後の早い時期に他の文化圏である東南アジア地域にも広がってゆく。また三大スパイスであるクローブとナツメグ（実はアンズに近く種は調味料にする）は東インドネシアの香料諸島が原産地であり、クスノキ科のニッケイは、インド地域が原産地であり、港町のスマトラにも持ち込まれていた。そのため、世界各地からインド洋を渡り、ジャワ海やスンダ海に入り東南アジアの島々に一攫千金目あてにやって来る。海域東南アジア世界が最も森林物産交易に力を入れていたのは大航海時代前後の一四〜一八世紀である。そのためスルタンの人たちの港町が栄えた時期である。すなわち、海が海域地域という一つの「グローバリゼーション」をつくっていたのである。

一九世紀に入ると経済歴史学者のリン・ハントも指摘しているが、「グロバリゼーションは何百万という新たな移民をアメリカ合衆国の初等学校に連れてきたのかもしれない。だが、当時のアメリカ人たちがそれをどう受容したのかは、地元の文化、地域経済、国家の政策によって異なるものとなる」。ローカルな文化はグローバルなコンテクストの中に位置づけられるべきである。

言い換えれば、ローカルな地元文化がグローバルな世界を創っているのである。

ところで、現代の「グローバリゼーション」も世界経済に力を与えた。さらに自由貿易に価値を見出し、イノベーション（技術革新）を推し進めた。一方、弊害として、技術革新の結果、格差や失業が生まれた。新しい技術についていける人、いけない人で差が生まれるということだ。また、競争の激化で勝者と敗者も生まれやすくなる。勝ち組の組織や企業の人びとの報酬はケタ違いの額となる。それは結果として、格差を拡げたり、人びとに不公平感を抱かせる。二〇一六年のアメリカの大統領選挙結果が、そのことを物語っている。まず、格差の拡大で人びとの不安や不満がつのる。その結果、ポピュリスト（大衆迎合・反知的主義）が台頭しグローバリズムへの反発が生じ、保護主義がはびこり、世界経済は低迷する。すると、今度は格差がさらに広がるという、負のサイクル（次から次へと悪い方向に進むマーフィーの法則のようなもの）が生まれるのである。また、イノベーションは、「人工知能（ＡＩ）」のような第四次産業革命を推し進め、経済活動が進み消費者の利便性高めてくれる。ロボットがその一例である。

しかし、イノベーションにも負の側面がある。技術革新は、多くの人を貧困から救い、世界を豊かにすると同時に、デジタル技術の進歩の速さについてゆけない人びとは、危惧をいだき、中には職を失う人びと（デジタル難民）を生むことになる。例えば、自動車工場のロボット化などが、人の労働を奪ってしまう。二〇一六年のアメリカの大統領選挙でトランプ大統領に投票したのは多くの自動車工場、製造業のある州（寂れた州・ラストベルト）の白人労働者たちであったことを想起してもらいたい。二〇一六年のアメリカの大統領選挙結果は、グローバリズムと自由貿易主義に反対する「反エリート」の勝利でもあった（なお、反グローバリズムの運動は、一九九六年に最初の高まりを見せた）。これらに加えて、現代は、雇用の五割も「自動化」できる時代に突入している。人びとが職場から離れた場所で仕事ができるようになる半面、世界中の労働者との競争も生まれる。しかし、グローバリゼーションの時代において、現実には、イノベーションは止められない。それをいかに有効利用するかが世界の人びとに残された重要な課題である。

本書では、ある特定の文化で特産品となったココア・チョコレート、コーヒー、紅茶やタバコ、カレーなどの起源や伝播について取り上げているが、それには理由がある。これらのモノが、いかにして地球規模で異文化の国境を越え世界に広まり、経済や社会システムや文化にどのような影響を与えたかを明らかにするためである。文化と経済の基本は「食」とも言える。また、グローバルな貿易と異文化社会に巻き込まれた人びとが直面した問題も文化人類学の視点から探ってみたい。したがって、本書では、ジェームス・ミッテルマンらが著書『オルター・グローバリゼーション』の中で取り扱っているグローバリゼーションを政治権力のレベルやイデオロギーの渦《うず》の視点からは捉えていないことを明記しておきたい。

本書のねらい

本書では、グローバリゼーションを歴史的に長期的な発展の一部とみなしている。また、グローバリゼーションを形づくった要素などについても若干の考察を試みたい。ハーバード大学の歴史学者で元駐日アメリカ大使を務めたエドウィン・ライシャワーによれば、グローバリゼーションは、近代化や現代の二一世紀に生まれた創造物ではなく、既に大航海時代前後に世界の力学が変わった時にさまざまな要因から成長してきたものである。

キーワードは、「人の交流」、「文化の伝播と変容」それに「相互依存」である。例えば、一三世紀にマラッカはグローバルな世界貿易の一大センターであり、「グローバル都市」をつくりあげた。異なった価値観と文化伝統を持った人たちが、お互いに交渉を行い、契約によって対等な関係で港経営を行っていたわけであるから、相互依存の意義についても触れてみた。

第一章では、グローバルな視点から海洋の文明論に照らし合わせ、なぜマラッカが、その地位を築いたのか等の理由について探ってみた。マラッカ、オマーンを含む東南アジア、中東は、通商貿易に関して、ヨーロッパ人が到着する以前から、周囲の世界に対して深い影響を与えていた。それはヨーロッパがつくりあげた現在のグローバル時代の「自由貿易世界」の原型とみなされる。そこにはまた、ヨーロッパによる地理上の発見や征服活動、その結果としての地球上の植民地という現象も含まれるため、「大航海時代とは？」、「旧世界の膨張と世界史の始まり」、「インド洋の三角貿易圏」を海洋イスラム圏の三角貿易の文脈で探ってみた。

第二章では、とりわけグローバリゼーションを、大航海時代前後の東洋と西洋の海域地域と海洋国家にみられた国境をまたいだ「トランス・ナショナル」(脱国家的)な異文化交流、交易、伝播、コミュニケーション活動のダイナミズムの視点から探ってみた。また、交易や異文化交流を発展させた運搬手段の移り変わりについて「大航海時代から新パックス時代」について触れてみた。加えて、「大航海時代が日本に与えたインパクト」、および、「異文化の日本人コミュニティ形成プロセスとディアスポラ」、第三章では「ココア・チョコレート、紅茶とタバコのグローバリゼーション」を文化の交差と文化の果たした役割の視点から取り扱ってみた。

第四章では、これからの二一世紀の時代はアジア・太平洋に動いているため、太平洋にまつわる欧米の航海戦略について、キャプテン・ジェームズ・クックとハワイとの関係をケース・スタディとして取り上げ、航海で活躍した人物や、漂流を通して異文化間の架け橋(ミディエーター)となった人びと、異文化の地に定住した移民などの人物像にも焦点を当てることとした。例えば、文化間の摩擦や紛争などが起きた場合には、問題を処理し解決するための仲介や調停するミディエーター(調停者、仲人、水先案内人)が必要である。国境や文化を越え水先案内人として活動する人物をトランス・ナショナル、またはトランス・カルチュラル・ミディエータという。彼らの力なしには、コミュニケーションや交流、それに交渉などもスムーズに進まない。大航海時代においても彼らは「陰の力」として文化間を往来していた。

大航海時代のパイオニア航海士の中に、一五世紀から一九世紀にいたる激動の航海の時代を代表する人物が七名存在する。その中でも第四章では大航海時代を疾駆した航海士たち四名を選び、彼らの偉業に関してまとめてみた。また今年（二〇一八年）は、日本とハワイとの関係（日布移民条約）が生まれてから一五〇年目の年にあたる。そのため、一五〇年にわたるハワイにおける日系移民の文化と世界に関して考察を試みるために、事前にハワイ米日協会関係者の協力も得て現地調査も行った。

これからの時代は、特に日本を取り巻くアメリカを含むアジア・太平洋の諸国との良好な国境を超えるトランス・ナショナルなコミュニケーションの構築の必要性が求められている。アジア・太平洋地域は多様性とダイナミズムに満ちており、その認識もむずかしい。そのため、第五章では、アジア・太平洋地域の発展を考えるにあたって、相互依存のコンセプトに新たな息吹を与える新しい時代に即した潮流についても探ってみた。

ところで、時代が変わり一九九〇年代に登場した画期的な要素は、インターネットの広がりであった。当時は主に先進国に影響を与えただけであった。二〇〇〇年には世界の人口の五％がインターネット使用者であった。しかし、二〇一八年には五三％に達した。インターネットは地球上のさまざまな地域と文化に浸透し相互に結びつけ、グローバリゼーションの一つの推進力になっている。つまり、グローバリゼーションは、何らかの意味で私たちの歴史につきまとうものである。

異文化理解を深めるためには、現代だけではなく過去にも目を向けることが重要である。時の過ぎゆきに目くばりがなければ、未来を見据え予測することはむずかしいことを強調したい。歴史をふり返ることによって「時代の変化」や「世界の潮流」をのぞきこむ先見性を培いたい。

目次

目　次

第五章　異国・異境漂流記　109

第一章　海洋のグローバルなシビライゼーション

大航海時代について語る前に次の点を強調しておきたい。これまでの歴史学は陸地における人間社会・文化の人びとの営みを対象としてきた。本書では、陸にとじこもるのではなく、それを地球儀（globe）上の大洋と島々のネットワークの拡大と深まりの視点から見つめ直してみる。歴史学者でハーバード大学教授であったエドウィン・ライシャワーも、海への視点を持たずして、ヨーロッパと日本の歴史は語られないと述べている。ヨーロッパの近代国家のオリジンは海洋都市国家であったベネチアであり、それに続いてポルトガル、オランダ、イギリス、アメリカも海洋国家である。近代ヨーロッパの歴史は、地中海世界から大西洋世界へという流れの海の歴史としてとらえることができる。フェルナンド・ブローテルの『地中海』は、世界の歴史に注ぐ眼を陸地から放ち、海（海洋）へ眺めかえす必要性を唱えた書である。

近代文明のストーリーは海洋文明の海洋アジアから始まる。海洋アジアは、文化の多様性を尊重する環インド洋、環シナ海からなりたっている。二つの海が出会う東南アジアは多島海であり、かつ経済交易と異文化交流の中心であった。そこにヨーロッパ人は「辺境の民」として参加した。両者は海上の道を往来する豪華絢爛《ごうかけんらん》たるアジアの文物に魅了され、それを自家薬籠中物《ろうちゅう》にするために物づくりにいそしむシステムを考案し、二〇〇年にわたる努力を行った。その結果、アジア文明から「脱亜」し自立する。日本とヨーロッパは、それぞれ海洋の中国と海洋イスラムの波に洗われ、ともに相手を超えるシステムを作りあげた。再びライシャワーの言葉を借りれば、「近代文明の形成には、二つの道があった。一つめが、ヨーロッパにおける近代化の道であり、二つめが日本における近代化の道」である。

1　海域地域の「グローバリゼーション」の担い手マラッカ

海洋地域で「グローバリゼーション」を考えるうえで、忘れてはならない国といえば、一三世紀頃から王国を築いたマラッカである。マラッカといえば世界的に有名な海峡であるが、天然資源の少ない日本にとっては「生命線」である。日本の石油タンカーは、マラッカ海峡を通過し日本に向かう。マラッカ海峡で紛争や事件が起きると、タンカーが通過できない。そのため、エネルギーのストックがなくなり、日本経済はパニック状態となるのである。

一四世紀頃の中国の明は、新興国のマラッカがインドネシアのジャワやタイ（旧名はシャム）の勢力下に陥ることを好まなかった。マラッカ国王の取った交渉戦略は、まず明に頼んで、マラッ

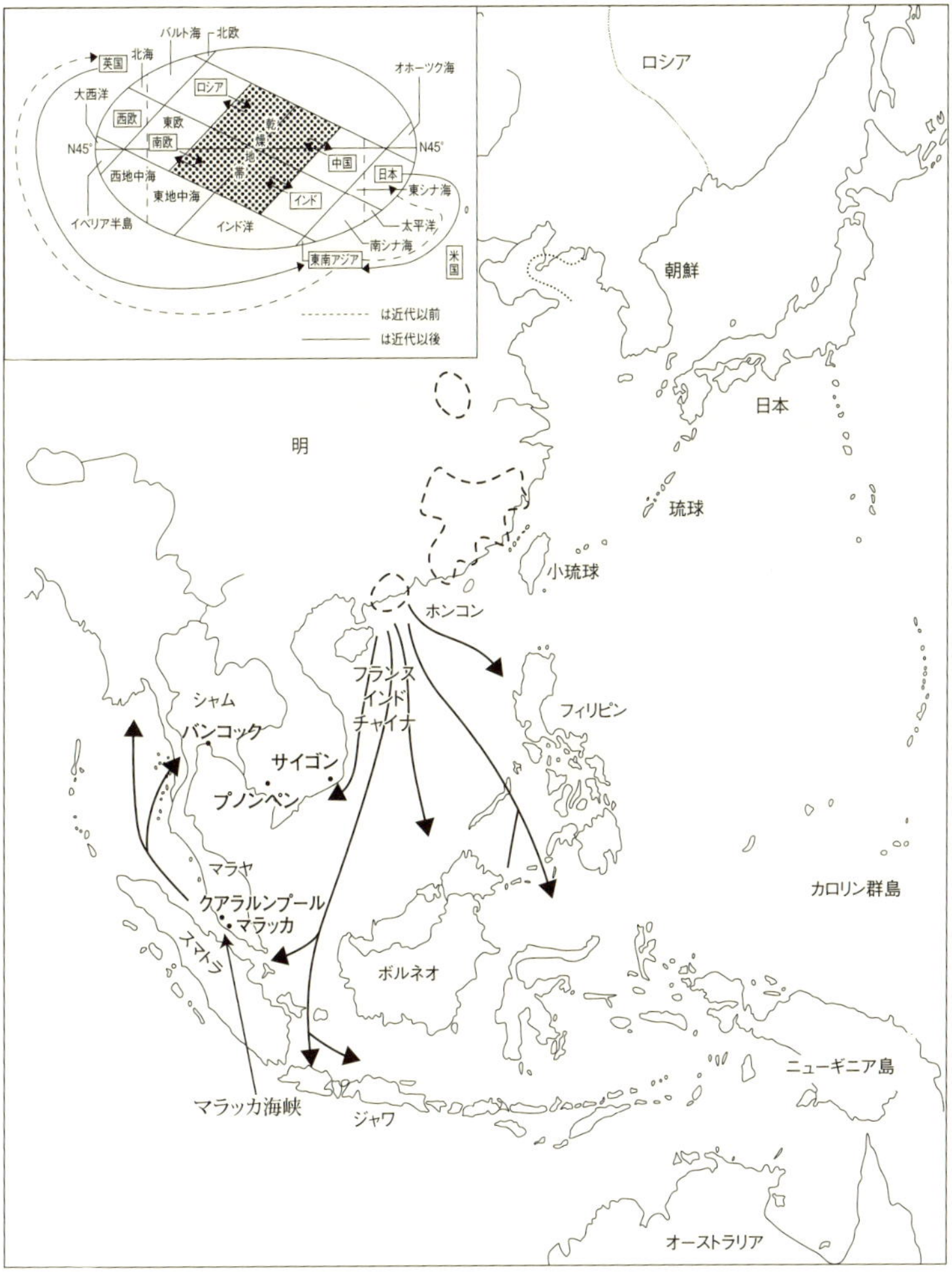

図 1-1　近代以前と以後の東南アジアの海洋と交易を巡る西洋列強とアジアとの力学図（参考資料 E. O. Reischauer, *JAPAN Past and Present* 資料＆梅棹忠夫『文明の生態史観・地図B』を参考に作成）

カは明の属領だという印が入った石碑を作ってもらう。この石碑を港に立て、タイの勢力を排除しその後、明も排除して「独立」するのである。マラッカにとって幸いであったことは、当時の世界経済の規模がイスラムの商人の活動によって、東南アジア海域の港町から抜け出し、巨大なイスラム経済圏のアジアの総支配人という地位を獲得することになったからだ。イスラム化したマレーシア最古の都市マラッカは、以前にも増してグローバル都市となり、「世界貿易の一大センター」となった。歴史学者のトメ・ピレスは『東方諸国記』の中で、国際的で往時のマラッカには、世界中の異文化圏から人びとが集まっており、西はエジプトのカイロ、メッカ、アデンなどのインド海岸のありとあらゆる港からイスラム教徒、それにキリスト教徒のアルメニア人もいたという。また、港町の王たちはイスラムに改宗したという。かつてマラッカ国王を脅したインドネシアのジャワ島やその周辺にもイスラム商人が訪れるようになった。一六世紀前半には、ジャワ島の北の海岸は新たなイスラム圏に入った。その結果、マラッカは文字どおり、その海洋地域の盟主となった。

ヨーロッパ人は、東南アジア地域を、不思議なことに「東インド」と呼び、国家の全面的支援を受けた東インド会社を組織し、商業、交易活動を拡大させる。ヨーロッパの近代社会・文化の形成に東南アジアは多大な影響を与えた。コショウ、香料、絹、綿、染料、その他現代の欧米人はむろん、日本の人びとの日常の生活の基礎となっている物は東南アジアの海洋地域との交易によって得られたものが多い。歴史学者のアンソニー・リードによれば、東南アジアは一六世紀に

「商業の時代」を経験し、東南アジアのダイナミズムは、東アジアとインド、ヨーロッパの方向に働くのである。それに対するリアクションが、日本と西ヨーロッパにおける近代国家の形成につながってゆくのである。マラッカは後に、ポルトガル領になりキリスト教のセントポール教会が建設された。イエズス会のフランシスコ・ザビエルはここから日本を含む東アジア布教に出発している。

一六四四年にはオランダ東インド会社がマラッカを占領する。オランダの東南アジアにおける拠点はジャワ島のバタビア（現・ジャカルタ）であったので、オランダ領マラッカは、マレー半島で産出された鉱石、スズなどを輸出するローカルな港に転落した。その後、一八二四年の英蘭協約で、スマトラ島のイギリス植民地アチェ王国と交換し、イギリスに譲渡される。その際、マラッカ海峡より西側はオランダ領、東側は英国領と定められた。一八二六年、イギリスのトーマス・ラッフルズはペナンやシンガポールとともに英領海峡植民地を成立させる。しかし、シンガポールが近代港として脚光をあび注目される。その結果、マラッカの港湾機能が衰退した。一九四一年一月十五日から一九四五年八月十五日の太平洋戦争終了まで旧日本軍に占領され日本に統治されたこともある。

今では、マラッカ海峡は、シンガポール海峡と合わせて太平洋とインド洋を結ぶシールートの要となっている。年間の通過船舶数は十数万隻を超え、タンカーやコンテナ船など重要な物資を運ぶ大型貨物船が海峡を行き交う。地政学的にみて特筆すべき点は、世界のシーレーンの中でもパナマ運河、スエズ運河、それにホルムズ海峡にならぶメイン航路ルートの一つである。

2　海洋交易国オマーン

ペルシャ湾の先端に位置する国オマーンは、海に向かって生きていくことを運命づけられている国である。オマーンといえば、アラビアン・ナイトの「千夜一夜」のシンド・バッドの生まれた国としても有名だ。現在のオマーンは、中東および西アジアの絶対君主制国家であり、首都はマスカットにある。アラビア半島の東端に位置し、アラビア海（インド洋）とオマーン湾に面する。また、石油ルートとして知られるホルムズ海峡の航路もオマーン領海内にある。北西部には、アラブ首長国連邦（UAE）、西側にはサウジアラビア、南西側にはイエメンと隣接し、更にアラブ首長国連邦を挟んだムサンダム半島先端部にムサンダム特別行政区という飛地を擁している。オマーンは、国土のほとんどは岩山と砂漠で、河らしい河がない国である。しかし、その昔、このオマーンは海洋交易によって七世紀から八世紀にかけて一大帝国をなしていた。

八世紀にはインド洋を横断し、マラッカ海峡から南シナ海を経て広東までの実に七〇〇〇キロの航海をしたアブ・ウダイダをはじめとし、多くの船乗りたちがペルシャ湾を、東方はインド・東南アジア、中国、また南方はアフリカ東岸の各地を結びつけていた。広東には中国最古のモスクがあり、東アフリカのザンバールは南の一大基地であった。ザンバールは、現在、タンザニアと合併しているが、未だアラビア文化の香りただようこのアフリカ東岸の島の歴代の首長は、今でもオマーンのスルタン（君主）の血を引いている。したがって、タンザニアは正確には「タンザニア統一共和国」であり、ザンバールの首長が第一首相として特別の待遇を受けている。この頃の主要な貿易港はマスカット、ホルムズその他であった。宋代の中国の陶器や磁器がこれらの地域から出土している。すなわち「海のシルクロード」である。九世紀頃から海のシルクロードが陸のシルクロードに取って代わったのである。

また、オマーンは日本とも関係が深い国である。現国王スルタン・カーブースの祖父に当たる先々代の国王スルタン・タイムールは、退位後日本人の大山清子と結婚する。二人の間に生まれたのがブサイナ王女である。現在の国王のスルタンカーブースにとっては叔母にあたる。

3　大航海時代とは？

大航海時代という言葉は世界周航の航海士たちを生んだヨーロッパで生まれた用語である。中国や日本の東洋の国の中からは生まれなかった。大航海時代に世界周航の航海を実行した航海士たちの多くは、ヨーロッパ人であった。北欧にも航海民族であるノースマンのエッダやサガが存在していた。コロンブスやマゼランの航海以前にも、世界の各地で遠洋航海は行われていた。地中海を中心としたイタリア人や、北海におけるドイツ人の商業活動もあった。例えば、大航海時代前史のアジアの東西の航路は、一三世紀のマルコ・ポーロの時代には、海と陸との乗り換えが必要であった。マルコ・ポーロ一行は、行きもペルシャ湾のホルムズから乗船しようとしたが、船が貧弱であったため、恐れをなして陸路を選びシルクロードを通ったのである。

また、インド洋ではイスラム商人が活躍していた。中国の明の永楽帝が数回にわたって鄭和《ていわ》を南海に派遣し、東アフリカ沿岸までも達する大交易があった。唐時代の後半の九世紀には、広州には数万人のアラビア人が来ていた。不思議な点は、明は日本の鎖国時代同様、建国の時に「海禁」を国是としたことだ。反体制派と外国の列強との結託を恐れたからであろう。明は、個人貿易家たちが得た利益を、国営にし独占した。そのため巨船を使用し、中国の絹、陶器、生糸、薬剤を積み出し、コショウ、香料、真珠や宝石、サンゴ、それに動物のキリンやダチョウや馬などを仕入れて中国へ戻ったのである。中には中国の宮廷用のぜいたく品も多くあり、そのため巨船は「取宝船《しゅほうせん》」とも呼ばれた。このような交易には、大航海時代のイベリア半島の人びとのような信仰と伝道という精神面の要素や動機などは含まれず、あくまでビジネス・ライクであった。

その前史のマルコ・ポーロが鄭和遠征よりも百年前に中国の福健から西に戻ったのは一二九〇年であることを想起して頂きたい。

話を戻そう。日本の商人たちもマラッカや東南アジアにも進出したこともあった。ただし、これらの動きに対しは、一定の地域に局限されていた。そのため世界全体の商業や、政治、文化にひろい影響を及ぼすことはなかった。ところが、一五一二年のマゼランの航海によって地球が丸いことが実証される。その結果、ポルトガルやスペインをはじめとするヨーロッパの船が世界の三つの洋《うみ》を縦横に航海するようになる。世界中の出来事が互いに関連性を持つようになり、ヨーロッパ人もアフリカ人も、アジア人も、アメリカの先住民も、それまで想像しえなかった多様な異文化と異民族の存在を知るようになったのである。「大航海時代」とは、彼らの活動により、今でいう全世界がグローバル化される発端が世界の歴史上初めてあらわれた時代の一五世半ばから一七世紀中ごろまでの期間をさすのである。

4　旧世界の膨張と世界史の始まり

歴史学者のJ・H・パリーによれば、一三世紀から一四世紀にいたる世界は、大陸の端から端まで、かなりの勢いで旧世界が膨張した世界膨張時代であるという。編著者の見解では、チンギス・ハーンのモンゴル帝国がユーラシア大陸を統一し、東洋史と西洋史との垣根がなくなったところから世界史が始まったといえる。ロシアも中国も継承国家であり、儒教、資本主義もその遺産である。一四世紀になるとモンゴル帝国は分裂し、解体してゆく。さっきまで隅っこに小さくなっていた日本とヨーロッパが、大陸をむこうにまわし、巻き返しを行う段階にはいるのである。この巻き返しを可能にしたのが、第一に海図の作成を含む近代航海術、第二に造船術、第三に火器である艦載の大砲である。巻き返し手段は、海を自由に使用することであった。

5　インド洋と三角貿易圏

「海洋世界とは地球そのもの」である。なぜならば、地球は表面積の七割が海で3割が陸であるからだ。（川勝平太「経済教室――南北軸の海洋連邦を形成」『日本経済新聞社』）。アジアは南米などと違い険しい陸地ではなく、海路による複合的なネットワークが形成されていったため、民間交易が活発となった。

インド洋圏の三角貿易の中継貿易を通した利潤システムに最初に着目したのがイベリア半島の海洋国のポルトガルであった。ポルトガルは、これを武力で奪い取ったのである。一四一五年イスラム教徒とキリスト教徒との争いは、地中海からインド洋に拡大した。一五〇九年にエジプトもポルトガル海軍に敗れ、一五三八年にはトルコが七六隻の大艦隊を送るが大敗する。ポルトガルは、さらに一五四三年にホルムズの関税権を手に入れるとインド洋交易圏を手中に収めた。

それにより、西方の三角貿易の拠点が中東―ベネチア経路から、ポルトガルのリスボンへ、またリスボンからオランダのアントワープ経路へ移った。

ちなみに、日本に進出したポルトガル船は日本産の銀を中国に輸出することによって多くの利益を得た。一五五〇年頃から始まった新大陸産と日本産の銀のインド洋貿易圏への流入で大きな役割を果たしたのがポルトガル人の作り上げた航海・貿易ネットワークであった。また、セブケット・パムクによれば、オスマン・トルコ帝国は、一五二〇年代からメソポタミア地域で勢力を拡大し、その後バスラを占領する。ポルトガルもそのバスラを一五五六年に占領しようとしたが、失敗に終わる。両者は対立しつつ共存するという関係が生まれたという。オスマン・トルコ帝国は、バスラでラリという銀貨を鋳造し、これをインド洋貿易圏に輸出する。

一五～一七世紀にヨーロッパ人が海洋（当時は「東インド」と呼ばれていた）に進出した目的の一つは、コショウと香辛料の獲得であった。これらの産物は彼らが「東インド」に到着した時には、三角貿易の一環として通商取引されていた。東南アジアは海洋アジアのセンターの役割を果たしていた。そこは、中国と海洋イスラムが遭遇する場所であり、東西文化の海のクロス・ロードであった。当時、環インド洋圏にはアラブ人がイスラム文化を普及させ、ダウ船が行き交っていた。ヨーロッパ人たちは、インド洋世界の三角貿易を通してコショウと香辛料以外に、インドの木綿、生糸、絹、茶、陶器類、宝石、染料を獲得できたのであった。

6　アラブの商人による三角貿易

こうして通覧してみると、この海域は早くから中国やインドからさらに西に向けて開かれており、ダイナミックで開放的な地域であったといえる。ヨーロッパ人が喜望峰回りのインド航路を発見するまでには、三角貿易の中継は主にアラブの商人たちが中心になって行っていた。しかし、貿易相手のメインはインド人であり、それに加え、ビルマ人、インドネシア人たちであった。彼らは、コショウと香辛料と引き換えに、ヨーロッパの銀を受け取りインドに運んだ。銀はインドで木綿をと交換され、インド木綿はインドネシアにある香料諸島に運ばれて、今度はコショウと香辛料と交換されるという仕組みであった。これらは、最終的に西方に持ち帰られ、銀と交換され、再度同じルートで銀が東方に運ばれていった。一六世紀の終わり頃には、オランダがポルトガルの後を追って海洋アジアにやってきた。彼らは反ポルトガルを掲げてイスラム系の商人たちを味方につけ勢力を伸ばし、一七世紀になるとジャワ海を中心にインドネシア海域を手中に収めることになる。

7　貿易ルートの覇権の移行

一五〇〇年を境に世界史は大きく変わる。それまでの東方優位という力学が西欧に移ってゆく。洋の東西が逆転し、一六世紀から二〇世紀までの西欧の時代の到来である。アメリカの独立もその一部である。陸のルートであったシルクロードも大きく変わってゆく。シルクロードとは呼べないものになってゆく。ポルトガル、スペイン、オランダ、イギリスが次々とアジアにやってくる。「パックス・イスパニカ」、そして後でも紹介する「パックス・ブリタニカ」現象が起こることになる。一七世紀になると中継貿易の覇権は、海洋国である北方のオランダのロッテルダムとイギリスのロンドンに移行する。ヨーロッパの銀、インドの木綿、香料諸島のコショウ、香

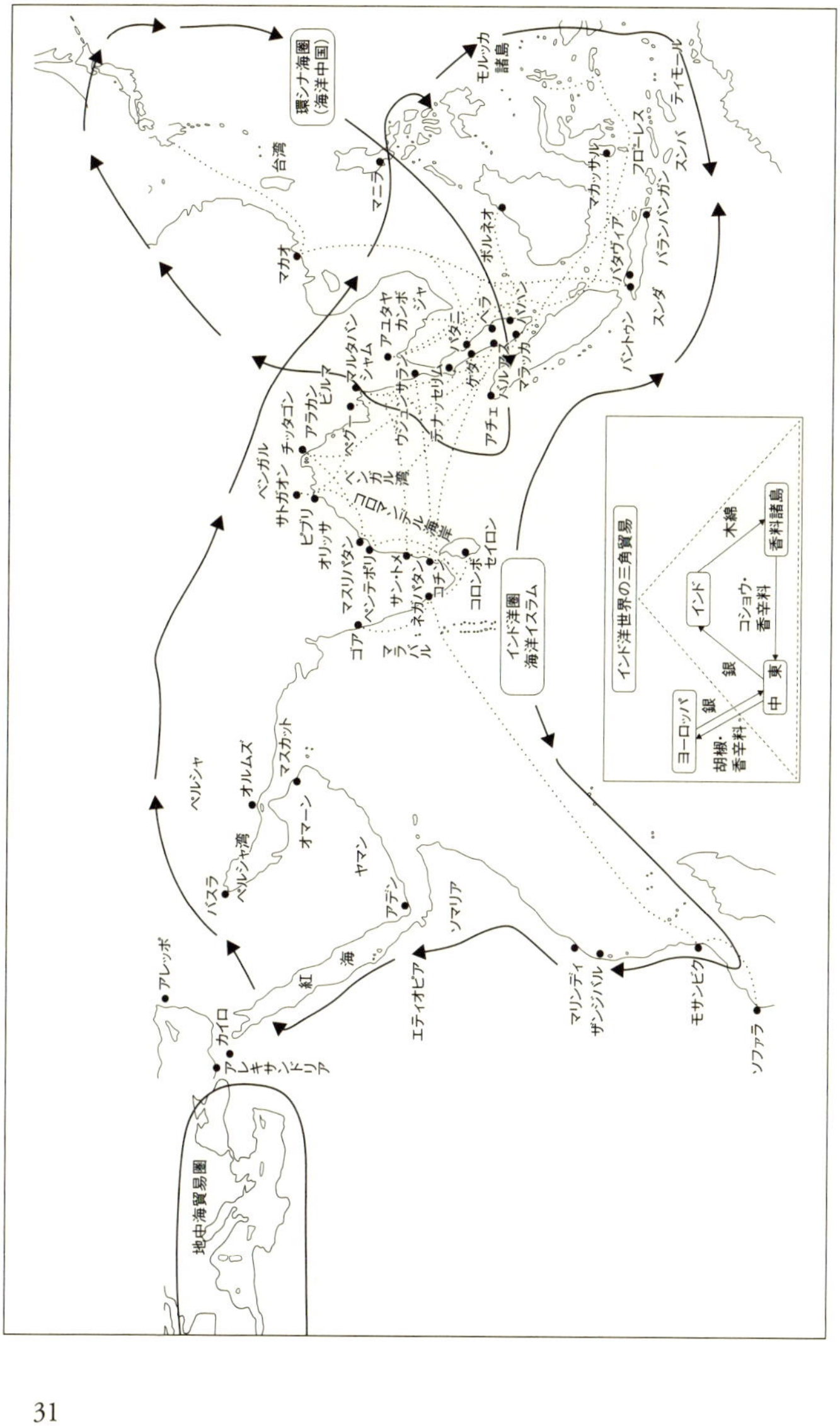

図1-2　インド洋貿易圏におけるポルトガルの航海航路（『ヨーロッパ世界の拡張』等を参照して作成）

辛料からなりたつ三角貿易は一七世紀まで続くのである。ヨーロッパの銀がインドにもたらされた理由には、二つの事情があった。一つには、ヨーロッパの製品でインドが最も欲したものが他になかったからである。二つめの事情は、インドでは金銀がルピー銀貨、パゴタ金貨の材料に使用され、装飾品としての使い道も莫大であった。

8 イギリスの東インド会社とインドの木綿

インドの木綿はどのような経緯からヨーロッパに持ち込まれたのであろうか？ 特筆すべきことは、イベリア半島のポルトガルやスペインに加え、イギリスもオランダも、海洋アジアへ進出した際には、インド木綿の輸入には興味がなかった。イギリス・インド会社のメインの目的は以下の二つであった。まず、自家製の毛織物を売ることであった。問題は、常夏の東南アジアの海洋地域では、毛織物は風土に合わず売れなかったこと。毛織物よりカラフルで値段も安い多くの木綿を持っていたことである。ビジネスとして毛織物は、全く売れなかったのである。二つめの目的が、コショウ、香辛料を手に入れることであった。これらを得るためには、ポルトガルと対抗する必要があった。一五三八年イギリスとオランダは、スペイン・ポルトガル連合国の無敵艦隊を敗北させ制海権を得た。その後、イギリスとオランダの覇権争いが世界をまたにかけ繰り広げられた。ヨーロッパにおいては、両国は互角であった。しかし、アメリカでは、オランダの植民地であるニュー・アムステルダムがイギリス支配のニューヨークに代わり、イギリスが優勢となる。インドネシアを含むアジアでは、オランダが優勢となり、イギリスのアジアでの勢力は一六二三年のアンボナイ事件で大打撃を受け後退の道をたどる。イギリスは最重要項目のコショウ、香辛料の権利もオランダに奪われ、その結果インドから撤退する。ちなみに、インドの木綿はイギリスのみならず、フランスやオランダ、イタリア、スペイン以外のヨーロッパに浸透する。一方、毛織物業者は危機感を感じることになる。それから一世紀後には、今度は、イギリスの機械製綿織物がインドに逆輸出されることになる。

第二章　大航海時代から新パックス時代へ

その後、一七世紀から一八世紀にかけて、フランスが世界をリードするヘゲモニー（覇権）を求め、イギリスがそれに対抗したスペイン継承戦争について、哲学者のデービッド・ヒュームは一七一二年に得られた平和は一七〇八年に可能であったと批判している。そしてイギリスは、一七一三年にスペイン継承戦争が終わった時にはヨーロッパの大国（列強）の一つになっていた。それまで、イギリスはヨーロッパの外れにある国土も狭く、人口も少ない「小さな島国」であった。イギリスが世界の工場と言われるようになった片鱗はまるでなく後進国であった。しかし、一八世紀に大胆な農地改革を行う。イギリスの経済発展の原動力となった農業革命はやがて産業革命をもたらすことになる（今で言うバブルである）。そして、イギリスの目は異文化に向けられる。海外貿易、特にアメリカとの貿易が発展し、インドでも活発になった。さらに名誉革命によって、半世紀にわたる内戦が終わり、政治的安定が得られた。オランダとの英蘭銀行や株式取引所も作られ、マネー経済の金融上の制度も整った。政治的バランス・オブ・パワー、経済力、海外貿易、金融制度というイギリスの覇権力、「パクス・ブリタニカ」をもたらすのである。その後、アメリカが世界をリードする「パクス・アメリカーナ」（超大国アメリカの平和）の時代へと移行する。一九四〇年後半から一九五〇年代にかけて、戦後世界の統一的な政治・経済秩序がアメリカ主導のもとに再建された。第二次世界大戦後は、一時的な危機はあったが、世界的なレベルでの戦争は実際には起きなかった。もちろん地域紛争などは起こったが、世界経済も戦前の大恐慌の悪夢を乗り越えて、持続的な経済成長を享受してゆく。例えば、アメリカのグーグル、マイクロソフト社、ナイキやその他の多国籍企業、ＮＧＯ（非政府組織）やＮＰＯ等の組織は、アメリカが推進する「グローバル・スタンダード」によって他国の異文化社会でも影響力を拡大しつつある。ただし、アメリカがリードするグローバリズムは、アメリカ国内産業の衰退や中国、ロシアなど新興国の経済発展にも関係しているため、二〇一六年にドナルド・トランプ大統領が掲げた「アメリカ第一主義」の政策では、アメリカ自身の弱体化にも繋がるものになっている。

1　異文化交流の五つのコミュニケーション・レベル

ところで、大航海時代に異なる文化の人間同士で、いかなる方法で取引、交易や商談などを通しての交流を行っていたのであろうか？　ことばの問題もあり、ミス・コミュニケーションの率の方が高かったのではないか。同じ文化内の人びとの間においてですら意思疎通が難しいことが多い。しかも、風習や習慣、掟《おきて》などが異なる文化、すなわち文化のシステムや、歴史的体験、伝統や利害の異なる民族や国家間の意思伝達はなおさら難しい。なぜなら、予測ができない無数の多くの問題や障害が多いからである。望みがあるのは、どうすればそれらの違いを踏まえて、お互いにそれらを認め合ったうえで微調整してゆくか、ということだけである。もちろん、互いに傷つけ合ったり殺し合うことなしにである。古代のギリシャの哲学者によれば、人間同士の殴り合いが、ののしり合いに変わった時に「政治」が生まれたという。国際政治にしても、世界大のグローバル規模での品物の交易、貿易、異文化間の交流にしても同様なことがいえる。異文化、国家間のかかわりとは、所詮「賛成か反対か」以外のなにものでもないともいわれている。

ちなみに、世界の経済もその時代、時代の人びとの文化価値によって形成されていることが分かる。スコットランドが生んだ近代経済学の父のアダム・スミスは「貿易は会話と同じように自分の感情や思いを表現する手段である」また、「人間だけが交渉でき、交換は人間の本能である。しかも、ことばを使う能力が向上すると、次に交換する能力も発達する」と指摘する。異文化間の対人コミュニケーションには五つのレベルが存在する。次にそれらについて述べてみたい。

一つめのレベルは、コンタクト、すなわち「接触レベル」である。言語が異なる文化をもつ人びととのメッセージ交換は、一二の領域からなる非言語の身振り手振りを含むジェスチャー、アイコンタクト、動作を使ってある程度の情報交換は行える。ただし、「接触レベル」においては、カルチャー・ショックを受ける場合が多い。例えば、舌を出して挨拶をするチベット文化の悪気のない行為や習慣は、他の文化の人には屈辱と受け取られる（ルール違反で無礼なしぐさ）。また、面接の場において、面接を受ける側が、試験管の前で足を組みリラックスしながら受けても別に問題のない文化もあれば、日本のように、今の時代においても面接の際、インタビューされる側が足を組む動作や行為は「無礼で非常識」（御法度）と捉えられてしまう。タブーなども国によって違う。いまだに一夫多妻の文化もあれば、そうでない文化が遭遇し、接触することは可能だが、その考え方を受け入れるかどうか、また理解ができるかどうかは別問題である。食べ物の習慣も文化によって異なる。箸を使用する文化、手を使用する文化、ナイフとフォーク、スプーンを使用する文化等。日本の場合には和洋折衷（和食は箸、洋食の際にはナイフとフォーク等）。接触レベルでは多くのことを身振り手振りで認識し合い取引することはできるが、理解することは難しい。一定のルールがなければ、物々交換や取引は成り立たない。

二つめが接触レベルのコンタクトからコミュニケートできるレベルの段階である。異文化接触から一歩進んでお互いが、雑談など日常の対話ができる段階である。「今朝はいい獲物が沢山取れたので、気分も最高です」「それでは一匹を売っていただけませんか？」という風に雑談ができれば、取引への会話へと進む。ある程度、相手の文化の人びとの文化価値、社会習慣や流儀や儀礼などの「コード」を知らないと相手とのコミュニケーションは取りづらい。暗号ではないが、各文化の「コード」は目では観察できにくい。例えば、現代においてもドレス・コードという目ではみえない暗黙の了解コードがある。格式を重んずるホテルでは、ジーパン姿ではホテルやホテルのレストランに入れない場合がある。男性はジーパン以外の場合も「ネクタイ着用」が暗黙の了解コードとして要求される場合がある。

三つめは、異文化においても、価格の「議論」ができる段階のコミュニケーション力である。「ハグリング」(値引きの議論)ができるためには、相手の文化の文化価値(何が常識で何が非常識なのか?)、社会特有なシステムや、法律、宗教、それに、心理や行動パターンを知ることは、外部の人たちにとっては、きわめて理解するのが難しい。異文化からの新参者が見ず知らずの相手と価格について取引しようとする場合、かなりのリスクを覚悟しなければならない。

四つめがお互いの利害の調整が必要なネゴシエーション(交渉)レベルである。同じ文化圏の人びとにとっても、利害のぶつかりあい、紛争、いざこざの問題処理や解消は難しい。異文化の価値観、慣習、ものの考え方やとらえ方が違う人との利害の調整は、一筋縄ではゆかない。相手国の文化や法を知らなければ裁かれることもありえることである。われわれが住んでいる世界の基本構造は市場《しじょう》によって決定づけられている。しかし、スティーブン・トッピクによれば、市場は目では見えない。しかも隠れているのである。また、すべてのモノを飲み込もうとする。市場は社会によって創られ、社会に埋め込まれている。さらに市場は、交渉の取り決め事である同意、契約、価値、重量、支払手段によって成り立っている。つまり、何を売り、何を買うか?という合意形成(交渉)によって成り立っているのである。人びとが必要として求めているもの、すなわち「需要」と、人びとに与える「供給」は、市場の力ではなく、人びとが何を好み、何を嫌がり、何に魅了されるのかという時代の価値観を決める「文化」によって決められているのである。例えば、ジャガイモは、かつてヨーロッパに持ち込込まれる際、数百万の人びとが猛反対したが、英国文化では価値ある主要な食材として、すんなりと人びとの間に抵抗なく受け入れられた。

五つめのレベルとは、自分の主義・主張を最後まで貫き通し、相手の主張や意見を受け入れない「ディベート」である。ただし、ディベートには、先の交渉の要素の中にある、お互いの「駆け引き」や「交換条件」を打ち出し合ったりすることがないので、取引や商談はむずかしい。

現代の時代はディベートのようなゼロ・サム・ゲーム（一方が勝ち、全てを奪ってしまうゲーム）の時代ではなく、「ウィン・ウィン交渉力」が求められる時代である。なお、交渉の「七つの要素」と「ウィン・ウィン交渉力」については『ハーバード流交渉術——世界基準の考え方・伝え方』（御手洗昭治、二〇一七年）を参照されたい。

2　海洋国家とは

海洋国家について若干述べてみたい。海洋国家はどのような特徴を持っているのであろうか？インドネシアの例が参考になるので触れてみたい。現在のインドネシアは、海域東南アジアの世界とジャワ文化世界という二つを兼ね備えている国である。土屋健治は、インドネシアをメスティック的要素を兼ね備えている文化と述べている。つまりメスティックとは多様な文化要素の

「混合」によって生まれた「混合文化」と指摘する。一九世紀後半以来バダビアなどで開花し拡大した。ジャワの山々や野原や海岸を明るく洋画風に描いた絵画や、ポルトガル奴隷たちが唄った哀愁のあるクロンチョン・ミュージックなどである。それが、東アジア風にアレンジされ唄われるのである。一種の「文化変容」でもある。例えば、インドネシアの人びとが口ずさむフォーク調のバラード「ダヒルサよ」は、日本人がインドネシアに紹介した曲である。他の大衆演劇、大衆芸術などもポピュラーになりインドネシア文化に浸透してゆく。これらにより、インドネシアの地方に汎植民地的な共通の文化が生まれた。

この混合するメスティック文化は、異なった文化的バックグランドを持つ人たちを結びつけ、国民文化として変容してゆくことになる。これを「文化変容」という。また、バダビアに建てられた学校には各地のエリートの子弟がやってくる。生徒たちは、そこで校友になり、仲間意識を培ってゆくのである。また官僚制はその下級官吏として地方の若手エリートを登用する。そのことが、人種や民族を超えた若い人材たちを顔見知りにし、広範囲な異文化人脈コミュニケーション・ネットワークを作らせたのである。人種や民族を超えた知己のネットワークは、最終的にはオランダ植民地全域に張りめぐらされるのである。いったん、このような基盤が準備されると地域の統合が可能となる。その結果、それらの基盤が民族の独立、国民国家の形成という考えと結びつき、やがて一気に主権国家へと向かうのは当然のことである。この政治モデルのプロセスは、海域世界の独自性そのものを柱に展開してゆく。

一九三〇年代のジャカルタの人口は三〇万人であったが、その五〇％はブタビと呼ばれた人たちによって占められていた。彼らはインドネシア各地の出身者たちで、言語も習慣も異なっていた。しかし、世代を重ねて通婚が進み、やがて独自の言語とメスティックな文化が拡がっていった。インドネシアの民族文化は、このようなメスティックな混合文化から生まれ、グローバルな都市が生まれたのである。これこそが海域的現象というものである。植民地支配そのものが、海域世界的であり、それは域外の異文化の人びとが産物の積み出しに来るというのがベースになっている。第二次大戦後の主権国家の首都はみな、これらが巨大化した植民地都市である。インドネシアの海域世界は、拡散と開放のベクトルとパワーを有している。

3　日本にも大航海時代の波

素朴なことであるが、アジア大陸の東の端に位置する日本にはいつごろ大航海時代の波が押し寄せたのであろうか？　それは、一五四三年に種子島に三人のポルトガル人が漂流したときに遡《さかのぼ》ることができる。その後、マニラ経由でスペイン人との異文化接触が始まるのである。ポルトガル人とスペイン人の日本への渡来は、日本の文化と社会に大きな変化とインパクトを与えた。また、彼らが持ち込んだポルトガル語のカステラ（pan de castella）、パン（pao）、天ぷら、タバコ、キセル、カルタ、ビロード、ブリキなどは日本文化にも影響を与えることになる。ポルトガル人は日本に寄港する前にはアメリカ大陸にも行っていた。彼らがアメリカから持ち帰ったカボチャも日本に紹介された。カンボジアは、ポルトガルのインドシナ半島の前線基地であったため、カンボジアをもじって「カボチャ」と呼ばれることになる。スペイン王国の菓子パンであるカステラも日本に紹介されるのである。

それまで、日本の人びとにとって、世界といえば、唐と天竺にすぎず、ヨーロッパやアフリカ大陸の存在すら知らずにいた。ちなみに、江戸時代の商人であった天竺徳兵衛《てんじくとくべい》は、一六四三年以降、再度インドに渡り仏跡を探求し、また貿易を行った。今流で言えばグローバル・ビジネスである。異文化読本、『天竺渡海物語』を著す。

ポルトガル人とスペイン人の渡来によって日本人が初めて世界の地図はむろん、地球（グローブ）の全貌を知ることになるのである。また、鉄砲、時計、印刷機をはじめ、航海術、造船術、天文学、医学、食文化などが伝えられ大いなるカルチャー・ショックを受け、その結果、日本の人びとの知の世界を一変させたばかりではなく、異文化に対する好奇心をあおることになった。

ちなみに、日本とヨーロッパとは一三世紀に危機を共有し、その解決に向けて、海洋に乗り出し、一六世紀には海洋アジアを共有する運命をたどることになる。なお、海洋アジアの中心に位置したのは世界一の多島海の東南アジアであった。海洋アジアは活発な異文化と民族の交流の場となった。海洋を舞台に生まれた新しい主役であるヨーロッパ人も日本人もその中に混じっていたのである。一六世紀から一七世紀にかけての日本は、大航海時代を迎え、列強となったポルトガル、スペイン、オランダ、イギリスなどヨーロッパ諸国から東南アジアにおける重要な交易相手としてだけでなく、植民地維持のための戦略拠点としても重要視されていた。

4　日本の異文化進出〝ディアスポラ〟

では、日本の異文化、海外進出について探ってみよう。日本では一六〇七年から一六三五年の間に合計三四一隻の朱印船がシナ海をわたって、現在のタイ（シャム）やフィリピン（ルソン）を往復した。この時代の貿易船は豪華であった（岩生成一『朱印船貿易史の研究』）。徳川家康の顧問・アドバイザーを務めた最初に日本に来たイギリス人こと、ウイリアム・アダムス（家康から授かった日本名は三浦按針）は、スペインの無敵艦隊を破ったイギリス海軍の艦長であった。アダムスのような今でいうエンジニアの顧問をかかえていた家康の海洋作戦の規模は、イギリスをモデルにしたものである。ヨーロッパは日本の海洋力を過小評価していたが、海洋歴史学者のドン・ドリンゴは反論する。例えば、スペインの国王にあてた報告書にも日本の海洋力について「……何となれば仮令イスパニアより此の如く遠隔ならずとするも、住民多数にして、城郭堅固なる故に、之を攻略することは不可能なり」（『異国業書』）と記されてある。日本には当時、ハードパワーが存在していたのである。また、対外貿易と異文化へ進出する社会的エネルギーも存在していた。ベトナム（交趾）のフェフォには戸数百を超える日本人の自治区があった。また、一六～一七世

図 2-1　鎖国前の日本人町と日本人在住の地（日本交渉学会資料）

紀には貿易の拠点として栄えた中部のホイアンにも日本人町があった。

元和から寛永にかけて、後でも触れるがタイ（シャム）では、山田長政が政治の中枢に君臨していた。国王の近衛兵の中には八〇〇人の日本兵がいた。フィリピンのマニラの日本人町の人口は元和六年（一六二〇）には三〇〇〇人だった。インドネシア（バダビア）の東インド会社の社員の一割は日本人であった。

この間、イギリスやオランダは西からアフリカやインドに進出する。旧大陸の両端から、それぞれの利害をはらみながら、武装貿易船団が波をけたてて、旧大陸の南岸沿いに拠点をつぎつぎと築いてゆく。それは世界史のうえにおいて驚くべき状態であった。「周辺」は海洋作戦という新技術をもとに、版図を拡大してゆくのである。大陸中央部が「線」による拡大方式しか使用できなかったのに対して、両端の「文明」は「点」をおさえるという方法で世界に向けて挑戦した。その文化的なエネルギーがイギリスではエリザベス朝文化、日本では桃山文化というかたちで開花することになる。

5　国のタガがはずれたら？

国家のタガがはずれると、それに犠牲をはらってきた地域や周辺の国が立ち上がる。これが異質性の突出と呼ばれるものである。例えば、ヨーロッパの北イタリアは、その富をずっと南イタリアに移転させられてきた。ドイツとの国境沿いのアルザス・ロレーヌ地方は、豊かさの代償としてドイツとフランス両国の利害の対象となり、領土権がたびたび入れ替わった。グローバルな経済で地域が生き延びるためには、国家の名目で荷物を抱えてはいられない。経済の水準、社会システム、文化、宗教、言語、民族などが整っていて、地域のあり方に共通な価値観を持てる範囲内で国内の地域の自立を図るほうがうまくゆく。

それぞれ異質な地域を国家という鎖で束ねてきた無理が限界にくる場合が多い。そのため、ヨーロッパは大きなＥＵ（ヨーロッパ連合）と小さな「広域市域国家」の二つの単位でまとまろうとしているが、二〇一六年のイギリスのＥＵ（離脱問題が発生した）、他方、北米大陸をみると、トランプ大統領が異論を述べたＮＡＦＴＡ（北米自由貿易協定）の発効によって、アメリカ、カナダ、メキシコの間の国境がなくなった。人口三億七〇〇〇万人、ＧＤＰ（国内総生産）は七兆ドルという巨大な経済文化圏である。ＮＡＦＴＡは一見、スケールの大きい経済圏のようにみえるが、実はＥＵと同じような地域単位の集合体である。例えば、その証拠に、アメリカのシアトルはカナダのバンクーバーと連携した米国北西部の「パシフィック・ノースウエスト構想」で繁栄しており、カナダのケベック州はカナダからの分離・独立で揺れ動いている。メキシコのカリフォルニアに近いバハ地方は南カリフォルニアと、リオグランデ南はテキサス州と連携し一体化を目指している。メキシコはイタリアと同様「豊かな北対貧乏な南」の図式が政治問題化していたが、北は国境を越えてアメリカと組むことに自分たちの生き残りをかけたのである。

第三章　文化伝播のケース・スタディ

世界の多様な文化を比較してみると、人類の諸文化がさまざまな点でつながっており共通していることに気づく。大海は大海原だが、その中に所詮同じ人間なんだから、どこに行っても同じようなことを考え、同じような見方をしているという「平行通化セオリー」で説明できる文化要素がある。しかし、長い時間と年月をかけてある文化集団グループから他の文化集団グループへ紹介され、伝えられるという「文化伝播セオリー」のほうが正しいとされている。「文化伝播」というコンセプトは、文化人類学者のアルフレッド・クローバーや「菊と刀」などの著書で知られているルース・ベネディクトなどが紹介したセオリーである。次に、文化伝播のケース・スタディをいくつか紹介してみたい。

1　日本の醤油が育くんだ欧米食文化

醤油の起源は、諸説があるが鎌倉時代にさかのぼることができる。その時代に宋に渡った僧侶・寛心が経山寺《さんざんじ》の味噌の醸造法を持ち帰ったことがきっかけだとする説が有力である。一六〇〇年代には長崎の出島でオランダの東インド会社に手渡され最初の輸出された農産品の一つである。日本の醤油の持つ力が大々的にヨーロッパに伝わったのは、一九〇〇年のパリ万博のようだ。一九七〇年代には、パリの三つ星レストランで醤油を隠し味に使ったメニューが提供された。アメリカでは、現地の日系アメリカ人が、庶民的な食文化の中に醤油を取り入れていった。戦後は、キッコーマンがアメリカの中西部のウィスコンシン州に工場を建設し、アメリカ人従業員を雇い販売ルートを拡大させ醤油が全米に普及した。今オリーブオイルと言えばイタリア、ケチャップといえばアメリカなど、各国の調味料には、その国のアイデンティティ（独自性／主体性）というものがあるが、日本の醤油もこれらとは異なる特徴を持っている。例えば、「うまみ」を加えたり、まろやかにしたり、アクセントを加えたり、食材そのものの味わいを活かすことができるので、シンプルだが、深い味わいがあり、どの料理にも活用できる世界でも珍しいレシピと言われている。今や西洋料理の大きな潮流は、和食の味覚を土台に形成されている。異文化のシェフにとっては、醤油をベースにした西洋料理の加工品の製造プロセス等を深く学び、西洋料理に反映させたりする時代に入ったのである。日本の食文化を世界に伝播する際には、醤油などの加工品を使用し、伝統を守ると同時にイノベーション（革新）も重視したプランも考えられるようだ。

2　ココアとチョコレートの因果関係

ココアはマヤ語の「カカワ」に由来する。その後、アステカの人びとがカカオと呼び、スペイン人が「チョコラテ」と呼び、それがチョコレートという呼び名で世界中に知られるようになった。マヤ族の間ではカカオの豆は貴重な産物であったため、貨幣として物々交換の際に使用された。スペインではチョコレートは、カトリック教徒たちの飲み物と思われていた。なぜならば、イエズス会の修道士たちは、チョコレートに魅了されたため、チョコレートの取引を独占し、大衆向けの商品化を目指した。一六世紀にはスペイン人たちは、チョコレートに砂糖やバニラを加えたりして飲み物として愛用していた。ヨーロッパでは特権階級の贅沢な飲み物として普及した。その後、一八世紀になるとミルクが加えられホット・チョコレートとして世界中で愛用されることとなる。マーシー・ノートンによれば、ココアは、元来兜《かぶと》で身を固めた兵士たちが戦さに出かける際にスピリットを奮い立たせるために食べたり、インカやアステカでは神官たちが宗教的恍惚感にひたるために食べたものが、いつのまにか異文化に広まり、甘くて馴染みやすいチョコレートとして世界中の子どもを含む人びとに愛用されるようになったのである。ノートンは、現在もこれまでの時代も、ただ経済によって起動されたものではないと述べている。例えば、大西洋世界におけるタバコとチョコレートについて、異文化から到着したスペイン人が当初、南北アメリカ大陸において家政婦、現地妻、先住民の祈祷師、マーケットの呼び売り人からタバコとチョコレートの使用法を学んだことを明らかにしている。帰還した入植者や船乗りたちはスペイン本国に持ち帰ったが、そうした商品の交易は大航海時代の一六世紀末になって、ようやく始まることになる。それは、クリストファー・コロンブスの最初の航海から一世紀を経た後のことである。興味深いことは、チョコレートを愛用し、注文したのは南北アメリカで異文化体験をもったエリートの商人やカトリック聖職者から注文を受けた者たちだった。

3　タバコのグロバリゼーション

ではタバコの場合はどうであったのか？　タバコの場合は、もっと複雑のようだ。それは、ヨーロッパ諸国の政府の多くが、タバコを統制し、独占していたからである。ところで、タバコは誰がヨーロッパに持ち帰ったのであろうか？　後の大航海を疾駈した航海士たちのセクションで取りあげるコロンブスである。第一回目の航海でコロンブス一行がバハマ諸島に上陸した際、先住民のインディオたちが悪霊払いか宗教的まがいの儀式としてタバコを喫煙していた。そして、コロンブスの一行がその品をスペインに持ち帰ったところ、喫煙の風習がスペインを通してヨーロッパ各地に広まった。イギリスでは、エリザベス一世の寵臣《ちょうじん》のウォルター・ローレイ（一五五二～一六一六）によって新天地の植民地ヴァージニア州で栽培され、広められたのである。彼がタバコを吸っていると、召使いの一人が火事だと勘違いし主人に水をぶっかけたという逸話もある。

話しを戻そう。タバコのプランテーション栽培がカリブ海諸島でも拡大すると、すべてのヨーロッパ系大西洋国家の密輸業者、積み出し人から、果ては海賊までもが、その産物を求めって殺到した。と同時に、それらの国々ではタバコの愛好家が増えていったのである。その後、タバコの使用者は、中東、アフリカ、インド、中国、日本、その他へと拡大する。タバコとチョコレートのグローバル市場の消費は、文化伝播と融合のプロセスを通してヨーロッパとそれ以外の国々へと拡大した。それは嗜好《しこう》の変化によって可能となるが、先住民から学んだ知恵から生まれたものである。チョコレートはコーヒーへの道を切り開いた。その結果、その二つは、茶とともに、砂糖、陶器のチョコレート瓶《かめ》、中国製のお茶用の湯飲みの模造品に対する経済的需要をも生み出すことになった。砂糖とともにプランテーションと奴隷制が登場する。

一六世紀の南北アメリカ大陸に移り住んでいたスペイン人世帯の間で発達したチョコレートやタバコに対するあこがれと嗜好は、大航海時代の初期のグローバリゼーションに大きなインパクトを与え波動も起こさせた。この波動は、今の時代においてもグローバル市場と経済、それにわれわれ日常生活にも影響をおよぼしているのである。

4　コーヒーと五つの大陸文化の関係

朝食にコーヒがなければ、一日が始まらないという人がいる。では、コーヒーはいつ、どこで誰が発見したものなのか? エチオピアの伝説によれば、羊飼いがある日、羊の群れを追っているうちに偶然、苦みのある実を見つけて食べたところ、興奮して跳ね上がり、その後、乱心したというストーリーが残っている。彼らは海を隔てたイエメンにコーヒーという木の実があることを発見したのである。また、エチオピアのオロモス人たちが戦争などの戦いに向かう際、自らコーヒーを持参したという伝説もある。その後、一七〇八年にフランスのジャン・ド・ラ・ロケが、イエメンのモカに到着した。目的は、コーヒーの直接買い付けのためである。コーヒーは当初、イスラム圏のアラブ人の専売品であった。イエメンの山岳地方で生産されていたコーヒーは、一四〇〇年頃からイエメンの都市モカで飲まれるようになった。しかし、ド・ラ・ロケは、フランスに持ち込まれるコーヒーがアラブ人、エジプト人、インド人によって独占されていることに立腹し、そのシステムを破壊し、直接交渉の結果、フランスにコーヒーが紹介される。一五五四年には、イスタンブールに二軒のコーヒー店がオープンした。それが、二〇年たらずで六〇〇軒以上になり、ヨーロッパの居酒屋のようなサロン風の社交場となった。ただし、コーヒーを最初にヨーロッパに紹介したのはレバトン人、イタリアのベネチアの商人たちである。ちなみに、一七世紀に西ジャワを得たオランダ人たちは、香料貿易からさらに一歩立ち入ったコーヒーなどの作物を住民に栽培させ、ジャワ・コーヒーとして供出させた。その後、一六五七年にイギリスのロンドンで商人たちが商品取引所としての役割を兼ね備えていたコーヒーハウスで、コーヒーを飲む慣習が始まり、世界に普及する。ちなみに、イギリスでは、英国領のジャマイカにおいて日本でもお馴染みの「ブルーマウンテン・コーヒー」を栽培する。アムステルダムでは一六六六年、パリでは一六七一年、ウィーンでは一六八三年にコーヒーハウスが誕生する。ただし、イギリスなどでは、コーヒーハウスは「女人禁制」であったため一八世紀に入るとビジネスとしての勢いは衰える。

反対に、フランスにおいては、一八世紀にフランス革命が勃発したため「カフェ」が栄えた。革命家たちは、カフェを革命の演説の場として利用した。かのナポレオンもコーヒーの愛好家であったという。ただし、コーヒーの消費量が一番多い国は、オランダであった。一八世紀の初頭、オランダのアムステルダムの人口は二〇万人であったが三〇数件もカフェがビジネスを行っていた（なお、現在はバタビアとブラジルが世界最大のコーヒー生産地である）。オランダは、一六一九年に占領したインドネシアのジャワ島（バタビア）をトレード・スポットの拠点として貿易を推し進め「ジャワ・コーヒー」の栽培に力をいれた。その結果、ジャワ・コーヒーが「モカ・コーヒー」に次いで、世界でも有名なブレンドとなった。その後、ベトナムやハワイでもコーヒーの栽培に力を入れ独自のコーヒーを開発することになる。近年においては、特にインスタントコーヒーブランドが世界中の多くの人たちに重宝がられている。

アラビア語で、ワインを意味し、ワイン依存症の治療薬として奨励されたコーヒー。そのコーヒーが、これまでみてきたように、エチオピアからイエメン、ヨーロッパ、ラテンアメリカにわたり、その後、トルコーヒーがアメリカの新大陸に紹介される。その結果、アメリカでは紅茶に代わってコーヒーが朝食やディナーにおいても代用されることになる。コーヒーは五つの大陸を超えるトランス・ナショナルな日常の飲み物として世界の多くの人に愛用されることになる。なお、日本にコーヒーが紹介されたのは江戸時代である。確かな記録は残っていないが、長崎の出島にいたオランダ商人がコーヒーを飲んでおり、商館に出入りしていたスウェーデンのカール・ツルベクという医師が一七七六年に長崎の日本の人たちに紹介したという説もある。

5　紅茶と大英帝国

茶は西暦六〇〇年頃までに、まず中国で普及し、その後、中国に留学した僧侶によって日本や朝鮮半島にも広まった。その後、東南アジアや中央アジアにも輸出される。特に中央アジアの遊牧民族たちに愛用されていたので、茶を飲む習慣は、またたく間にインド、中東地域、それにロシアや他の地域にも普及する。異文化にも茶の愛好家が増えたことから、中国政府は国家戦略の商品として茶を販売する試みをする。だが、問題が残った。茶の生産が伸びなかったことである。また、ヨーロッパ人は中国の茶の市場の独占を許さなかった。その後一六〇〇年までには、茶は薬の一種としてイギリス、フランス、オランダやポルトガルなどでも愛用されるようになる。

　特にロンドンのコーヒーハウスで茶を飲ませ、茶の葉を売ったことが、イギリスで茶を市販した最初であるという。一六一〇年にオランダ東インド会社が日本からの茶を初めて輸入する。が、オランダはその後、バダビアにやってくる中国商人から茶を買いつけ、ヨーロッパに運ぶ程度だった。イギリスの東インド会社による茶の輸入が記録に現れるのは一六六〇年以降である。そして、一七一七年に中国との直接茶貿易がスタートする。しかし、販売ルートは限られていたため市場は拡大しなかった。

　ところが、プランテーションで栽培された砂糖が一般大衆の手に入るようになると、飲み物として仕事の休み時間や、ランチタイムに愛用され、ティー・タイム（Tea time）などが慣習化されることになった。その結果、茶はイギリス領の統治領セイロン、インドの北東のアッサムに持ち込まれ、アッサム紅茶会社が設立され、茶（Tea）の文化が本国のみならず世界にも普及する。一八三九年の出来事である。ただし、経済史家の角山栄によれば、イギリスの茶の文化のオリジンは、それは庭園と一体となって調和した日本の茶の湯であると指摘する。日本の風景式庭を最初に取り入れたのは一八世紀のイギリスである。これなども文化伝播の一例と言えよう。

　なお、ヨーロッパで日常的に茶を飲む習慣が定着したのは、イギリスとオランダである。その理由は、両国の東インド会社が中国からヨーロッパへの茶の輸入を独占したことによる。その後、イギリスがインドやセイロン（現スリランカ）において、オランダはインドネシアのジャワにおいて、コーヒーとともに茶のプランテーションを経営し始めたためである。旧イギリス領である南アフリカ、ニュージーランド、オーストラリア、カナダは「紅茶国」として残っている。しかし、イギリス系とオランダ系の移民の多かったアメリカ合衆国では、独立戦争のきっかけとなったボストン茶会事件（一七七三年）以降は、茶の供給が途絶えた。そのため、現在でもコーヒーが紅茶に代わって愛好されている。

ロシアでは、海路ではなく陸路のキャラバンを使用し茶を輸入し一八世紀に広まった。紅茶用のサモワールが普及し、ジャムやレモンを加え、砂糖ダイコンをかじりながら飲むのがロシア風紅茶の飲み方となった。一九世紀に多くのロシア人がアメリカへ移民したが、彼らの多くがニューヨークのエリス島の移民局を通過する際、生活の必需品としてサモワールを持ち込んだという。

6　知られざるカレー物語──カレーとスパイス

「カレー粉とはどんなものか？」という問いに対して返答に困ったことがある人が多いと思う。なぜならば、スパイスの本場インドにはカレー粉は存在しないからである。各家庭で調合したミックススパイスを使ってカレーを作っているからである。カレーの語源は、インドのヒンズー語の「ターカリー」（turcarri）という説と南インドのタミール語の「ターリー」（turi）という説が存在する。言い換えれば、「香りが高くておいしい食材」という意味である。現在のカレー（curry）の名づけ親は、ポルトガル人でインド副総監を務めたガルシア・ダ・オルガと言われている。彼は、一五六三年に、著書『インド薬草・薬物対話集』の中でインド料理のCurryを紹介した。

カレー粉はスパイスからできているので、先ずはスパイスの歴史を探ってみよう。

スパイスの歴史は古く、紀元前三〇〇〇年、古代エジプトでスパイスの使用が確認されている。当時はミイラの作製のための使用であった。ピラミッドに安置されている王族などの遺体に防腐効果のあるクローブやシナモンを詰め込んだ記録が残っている。また、ピラミッドの建設の際には、ガーリックが強壮剤として建設に携わった労働者のために使われたと言われている。紀元前六〇〇〜四〇〇年にかけて、スパイス・ハーブは主に医学の分野で使われていた。医学の祖と言われたピポクラテスがハーブを用いた治療の医学書を作成する。インドでは、「アーユル・ヴェーダ」、中国では「漢方」として発展し、体系化され東洋医学の基礎が作られた。

その後西暦一二九九年にマルコ・ポーロが『東方見聞録』をまとめ、黄金の国ジパングを紹介する。インドネシアの「モルッカ諸島」は、「スパイス・アイランド」と呼ばれ、クローブ・ナツメグ・メースなどのスパイスが採れる場所として知られることになる。また中国において様々なスパイスが発見されており、シルクロードを通らなければ入手することができなかった。それまで採れなかったスパイスが東洋でも発見され、中国が注目をあびることになった。

大航海時代では、先に紹介したコロンブスがアメリカ原産の「トウガラシ」を発見し、ヨーロッパを介して世界中に広まった。

次に、バスコ・ダ・ガマが一四九八年に大西洋から南アフリカの喜望峰を通過しインドのコショウ海岸にあるカリカット近くに到着し、スパイスである黒コショウを「発見」する。彼は、同時にインドにおいて「シナモン」を安値で入手する方法を確立する。その後、マゼランが西回りの航海ルートでモルッカ諸島にたどりつき、そこで「コショウ」、「クローブ」「ナツメグ」を安価で入手できるようになった。多くのスパイスが入手できるようになると、東南アジアを舞台に「スパイス戦争」が繰り広げられることになる。植民地争いは、まずポルトガルが制海権を獲得し、その後、イギリス、スペイン、オランダへと移ってゆく。特にイギリスの植民地であった時代にカレー粉がイギリス本土に伝播され、コメとともに食べる「カレーライス」が誕生する。

日本はどうであったのか？　その当時、素材の味を重視する日本文化ではスパイス・香辛料については馴染《なじみ》の薄い国と見なされていた。

ただし、日本では奈良時代の神武天皇の時代に、シルクロードを通って亜熱帯産のスパイスが伝わった。今でも奈良の正倉院には、「コショウ」、「クローブ」、「シナモン」などが収められている。そして、その後、中国やヨーロッパとの交易で「トウガラシ」が日本に紹介された。その結果、日本国内でも一味唐辛子と七味唐辛子が使用されるようになった。

7　カレーとカレーライス

では、カレーやカレーライスはいつ頃、どのようにして誕生したのであろうか？　カレーは、日本の江戸時代の後半、インドからイギリスに伝わった。カレーには、まだまだ私たちが知らないエピソードが隠されている。

日本もカレー大国と言われているが、イギリスもカレー大国である。イギリスの街のあちこちにフィッシュ・アンド・チップ同様、カレー店が立ち並んでいる。では、イギリスで、なぜカレーが流行っているのであろうか？　その答えは、インドがイギリスの植民地だった時代にさかのぼることができる。

時は、大航海時代の一七七〇年前後と伝えられている。当時、イギリスは東インド会社を通しインドを支配していた。インドからイギリスにカレーが紹介されたのは、一七七二年頃、東インド会社の社員であったへイスティンという人物がイギリスにカレーの原料とコメを持ち帰ったのが始まりと言われている。イギリスでは、一七四七年に『明解簡易料理法』が発行された。その中でインドから伝授されたカレーのレシピが紹介されている。これがきっかけとなり、イギリスにおいてカレーが紹介され普及したとも言われている。「アングロ・インディアン・カレー」の登場である。このアングロ・インデイアン・カレーのレシピは、一八世紀にケニー・ハーバート大佐という人物によって完成する。このアングロ・インデイアン・カレーのメイン・ディシュは、ライス、ピーナッツ、ココナッツ、それに、バロマーという魚を干したボンベイ・ダックで構成されており付け合わせとして薄切りトマト、ピクルス、フルーツ・チャツネが加えられた。

ちなみに、カレー文化圏はインド文明の歴史的影響でパキスタンから西方へ拡大し、その後、東は東南アジアにも及んだ。南方はインドネシアの島々がカレー文化圏となる。今では東アフリカもカレー文化圏になりつつある。イギリスの植民地時代、東アフリカに移り住んだインド人たちがアフリカ人たちに紹介し、「アングロ・インディアン・ディッシュ」としてカレー料理が伝播されたのである。例えば、南アフリカのケープのマレー人たちの間では、アングロ・インディアン・カレーが「ボボティ」という形で伝播された。レシピはビーフ、または羊のひき肉とカレー・パウダーを使用し、タマネギ、ニンニク、レモンの葉で味付けをし、卵のカスタードをかけてオーブンで焼く。グラタン風カレーともいえる。付け合わせには、干しブドウ、アンズやアーモンドを使用する。ちなみに、ボボディは、南アフリカのイギリス領のピーター・マリッツバーグに移り住んだことのあるインドの実業家で弁護士でもあったマハトマ・ガンジーの好物の一つだったと伝えられている。そして、一九世紀になるとアングロ風インドカレーは、旧イギリス連邦のニュージーランド、オーストラリア、カナダなど大英帝国全域に普及することになる。

8　ビクトリア女王が火付け役

特にビクトリア女王がインドから紹介されたカレーを流行させるきっかけを作った。当時、女王の別荘のオズボーンハウスに二人のインド人シェフが仕えていた。そこで彼らが作った食事が、いわゆるカレーである。ビクトリア女王は、そのカレーが大のお気に入りで、朝食のご飯にカレーをかけて食べるのが習慣だった（Ever Wondered, About Food 英国ＢＢＣ資料）。ただし、女王のために作ってはいたが、インドには「カレー」という料理は存在しない――インド料理のさまざまなスパイス料理を総称して、私たちが「カレー」と呼んでいるだけである。そのカレーはインドに派遣されたイギリスの兵隊たちのお気に入りとなり、その虜《とりこ》となった。彼らはイギリスに帰国後、カレーの味が忘れられずイギリスでも食べたいと言いだした。ところが、イギリスには、そのようなスパイスをベースとした伝統料理は存在しない。

図 3-1　ビクトリア女王
（出典：*Queen Victoria*）

イギリスでは、一七四七年出版の料理書に最初のカレー料理が紹介された。しかし、その後、一八六一年に『ビートン夫人の家政読本』が出版され、その中でカレー粉の作り方や小麦粉を使ってカレーにとろみをつける料理法が紹介された。その結果、一般の人びとの間にカレー料理が普及する。ただし、当時のイギリス人は香辛料を使うのには慣れておらず、いろいろなスパイスを使ってカレー粉を作るのが難しかった。

その後、世界初のカレー粉が商品化され、急速に、インドからではなくイギリスから世界中に伝播され、今ではイギリスの国民的フードとなっている。

9　勘違いから生まれた英国カレー

ところで、イギリスではどんなカレーが人気があるのであろうか？　答えはチキンカレーの一種の「チキン・テッカマサラ」である。これは、イギリス人の「勘違い」から生まれた料理である。

二〇世紀の中頃、イギリスではカレーに続きインドの新たな料理が話題となった。それが「チキン・テッカ」である。これは、タンドルーという大型の竈《かまど》でスパイスをたっぷりしみ込ませた骨なしチキンを、炭火でカリカリになるまで焼いたインド伝統の料理である。

ところが、ある日ロンドンのレストランでインド料理を知らないイギリス人カップルが、チキンテッカを注文した。そこで料理人が運んでくると、その料理を見たお客が、チキンがパサパサしていると勘違いし、「ソースをかけてくれ」とウェーターに指示した。料理を突き返された厨房のシェフは、とっさにその場にあったタマネギ、チリパウダー、それにトマトスープを混ぜ、インスタント・ソースを作りチキンにかけた。するとお客が「これは、うまい！」とおお喜びをした。こうして「チキン・テッカ・マサラ」が誕生し、またたく間に他の文化圏に広まったのである。「勘違いが福となった事例」である。

ちなみに、一九世紀になると、イギリスではクロス&ブラックウェルという二人の人物がカレー粉の商品化を進めた。会社名も二人の頭文字をとりC&Bとし、イギリス全土にカレー料理を普及させた。今では、チキン・テッカ・マサラを気楽に食べられる冷凍食品も生まれた。それを手掛けたのが、イギリスのカレー・キングといわれるK・Kヌーンである。そのカレーは、弁当として大量生産することにも成功する。

10　明治時代の海軍の食文化に

では、原産地がインドであるカレーが、いつから、どのようなルートを経て日本の食文化に入り込み定番になったのであろうか？　それにはいくつかの定説がある。一つめが、日本の旧帝国海軍が、一九〇八年に出版された『海軍割烹術参考書』を参考にカレーライスを開発し、これが今日の日本式カレーの原型になったという説である。素材は牛肉・鶏肉、タマネギ、馬鈴薯、ニンジン、カレー粉、小麦粉、コメなどで、チャツネを付け、ヘッドを入れてフライパンで熱し、小麦粉を入れて炒め、カレー粉を加えて料理するとなっている。

旧帝国海軍では、カレーを食べることが慣習化することになる。ただし、艦内の船員たちの健康と栄養とバランスンを考え、副食として、牛乳、サラダ、ゆで卵などが加えられる。

二つめの説は、明治時代に大英帝国海軍が旧日本帝国海軍にカレーの料理方法を伝授したという説である。例えば、海軍大臣の山本権兵衛《ごんべえ》が、艦隊の食事のメニューに肉じゃがに加えカレーライスの導入を推し進めたとも言われている。山本は日露戦争を指揮した人物であるが、船員たちの栄養面の改善を考案した人物もである。イギリスからシェフを招聘し、乗組員たちに栄養価の高い欧米風の食事を提供したため、脚気《かっけ》などの病気の問題もなくなったと伝えられている。

イギリス海軍の乗組員たちは、カレーとの組み合わせにはパンを使用したという。しかし、日本海軍の船員たちは、パンだけでは腹持ちしないという理由からライスに切り替え、カレーライスにしたという説である。また、海軍では金曜日にカレーを食べることが慣習化する。

『海軍割烹術参考書』を参考にして生まれたのが「横須賀海軍カレー」であり、その後、日本の主な港街や軍港に「海軍カレー」が紹介されることになる。北は北海道の箱館カレーから舞鶴カレー、呉カレー、そして南の佐世保カレーなども紹介され、その結果、日本の各家庭でもカレーライスが普及する。ただし、関西文化圏では「ライスカレー」と呼ばれるようになる。

11　日本の国産カレーの歴史

ところで、日本で初めてカレー粉の製造に成功した人物は、現在のヱスビー（SB）食品の山崎峯次郎である。一九二三年に、山崎は「日賀志屋」という会社を創業し、国産初のカレー粉「ヒドリ印カレー粉」を家庭向きに発売する。「ヒドリ」は「太陽の鳥」のことであり、「鳥のように自由に羽ばたき、お客様の元に商品が届くように」という意味が込められている。

12　パンの文化変容とグローバル化

パンはメソポタミヤで生まれたという説と古代エジプトで生まれたという説がある。エジプト人は「パンを食べる人」と呼ばれた。

なお、「パン」はポルトガル語の pao に由来すると言われているが、スペイン語では pan と表記する。古代英語では、「パン＝loaf の持ち主」で「パンを守る人」という意味である。現代では、「領主・君主」（日本では大名）という意味である。また、英語の貴婦人・淑女のレディー（Lady）という言葉の語源は、「粉をこねる人」という意味である。

いずれにせよ、パンは、大塚滋も指摘しているが、「史上最古の加工食品」でもある。パンは約一万年前のオリエントに新たな食文化をもたらした。パンの原料の小麦は、米と違い、堅い皮をかぶっており、粒状で精白するのが困難である。したがって、小麦を主食とする民族は「粉食」が主流だった。つまり、小麦をひき割ったり、粉にひいたりして、リゾットや平焼きにして食べる方法を生みだした。例えば、インドのチャパティは、小麦粉を水とこねてドウ（生地）を作る。そして、これを石の上に張りつけて焼いた。一見、日本のお好み焼きのようなものであるが、今でも主食の一つとなっている。例えば、ドウを一晩ぐらい放置しておくと、空気中のイースト菌がついて繁殖し、ふくれあがってくる。それを、そのまま焼いてみると、ふっくらと仕上がる。これを人為的にやってみたらパンが出来上がったという。

パンを常食とするようになったエジプト文化の人びとは、ドウにブドウの汁を入れることを思いつき、実際にやってみた。しかし、あと始末をしないまま放っておいたら、翌日ふくらんでいた。そして、これを焼いたところ、おいしい味になっていた。ブドウに含まれていた酵母が働いたのである。これがパンの始まりという説もある。

ローマ時代になって、パン焼きが流行し多くのパン屋が生まれた。西暦七九年にベスビアス火山の爆発でポンペイの町は灰に埋もれてしまった。しかし、一八世紀になって大発掘が行われたが、何と「パン工場」や富裕層の人たちが所有していたパン焼き場も発掘された。その後、中世からルネッサンスを経て、パンは進化し続け、フランス、オーストリアはむろん、ハンガリー、ドイツなどに伝播され、地酒ではないが、その地域や土地の独自の文化に見合ったパン作りが始まり、フランスで花開いたのである。また、イギリスには古代ローマ人によって、直接パン作りの製法が伝授され、先が少しとがった山の形をした（ローフ型）主食パンを代表するブリティッシュ・スタイルのパンが発達する。

日本には、西域文化の日本的文化変容の一例として、シルクロードを通してイランのパンであるナンが中国の長安を経て煎餅《せんべい》の名で広がったという。西欧スタイルのパンは、通説では、一六世紀にポルトガル人によってもたらされた洋風の食糧であった。南蛮渡来の「パン」は、日本に到着したポルトガル人にとっては、キリスト教の儀式にはブドウ酒とともになくてはならない主食でもあった。パンは、その後オランダ人の食糧として『蘭説弁惑』という文献によって紹介される。その書には、「問うて曰く。オランダ人、常食に〝ぱん〟と称するものを食するよし。何をもって作れるものにや。答えて曰く。これは小麦粉……粘り合わせて蒸し焼きにしたるものなり」という記録が残っている。

また、一七〇一年（明治三年）に日本初のパン屋を開いたのが初代「木村屋」の木村安兵衛である。安兵衛は、明治七年に銀座に店舗を設け、パンにアンを入れることを思いつき、アンパンを売り出した。古代エジプトが元祖のパンの文化変容は、遠く離れた異国である日本の銀座で起こったのである。アンパンの人気は明治天皇にも伝わり、木村屋はアンパンを献上した。宮内庁ご用達の際には、アンパンの中央に「桜の花」の塩づけをのせたことは、有名なエピソードとして語りつがれている。

第四章　太平洋と欧米の航海戦略——ハワイのケース

一七七八年の群雄割拠時代にイギリスのキャプテン・ジェームズ・クックが現在のハワイを「発見」。その後カメハメハ大王（一世）がハワイ諸島を統一し、独立王国となる。当時のハワイの先住民の人口は約三〇万人であった。その後、ハワイにはイギリス、アメリカ、フランスなどから貿易商人やキリスト教の伝道師たちが到着する。彼らはハワイの経済のみならず政治にも口出しをするようになる。ハワイは、一八一〇年から一八三〇年頃までには白檀《びゃくだん》貿易、一八六〇年頃には捕鯨貿易で栄える。日本で最初に英語教師になったラナルド・マクドナルド、それに黒船を率いて日本を開国したペリー提督や、ジョン・万次郎などは捕鯨貿易と関係する人物である。彼ら以外にも尾張の音吉などもハワイと縁のある漂流民であり、日米の文化交流に貢献する。一九世紀半ば頃から、ハワイが産業として揺るぎのない地位を獲得する。これら産業全体を支配し、富を築いたのが、英米の商人とハワイの王族たちであった。

一八六〇年に砂糖産業が急速に発達するが、労働力不足の問題が深刻化する。労働力獲得がハワイの国策として最重要課題となる。人口が減少してゆくハワイの先住民たちはプランテーションの労働力としては適さなかった。そのために取られた政策は、外国からの移民の獲得であった。一九世紀後半から二〇世紀にかけて、南太平洋諸島をはじめ、ヨーロッパからはポルトガル人、ノルウェー人、アジアからは、日本人、中国人、フィリピン人など多くの異文化からのエスニック・グループをハワイに移民させた。特に地理的にもハワイに近くコストも安かったアジアからの勤勉な民が好まれたため、日本人、中国人、フィリピン人の移民の数が急増する。長期間プランテーションで働き多額の預金を作った移民たちの中には故郷には戻らず、ハワイに定住する。定住した移民の子孫たちが、現在のハワイを築いたのである。白人の投資家たちが、彼ら移民を利用することができないのは、移民たちには母国に耕す農地がなかったため、帰るに帰れなかったからである。

1　世界を変えた大航海時代の航海士たち

一五世紀から一九世紀にいたる激動の航海の時代を代表する人物が七名存在する。ヴァスコ・ダ・ガマ、コロンブス、ネルソン提督、モーガン、ドレイク、マゼラン、クックなどである。この章では、その中から、特に世界を変え、太平洋の海洋文化のダイナミズムにも影響を与え、大航海時代を疾駆したコロンブス、ヴァスコ・ダ・ガマ、マゼラン、キャプテン・クックら四名の功績を若干紹介してみたい。

2　ジパングを目指したコロンブス

一五世紀のヨーロッパは先進の地域ではなく、むしろ後進地域であった。ヨーロッパの商業復活のキッカケをつくったのがコロンブスである。その後、次に取りあげるヴァスコ・ダ・ガマらが新しい航海ルートを発見するまでは、ヨーロッパと東方・アジアとの交易はイスラム圏とイタリアを経由しなければならなかった。イタリアやオスマン帝国は東西交易の富を独占できたことで繁栄し、独自の文化を形づくったのである。ヨーロッパ人が海洋アジアに向かったのは、インド洋圏の三角貿易のセクションでも触れたように、コショウと香辛料を手に入れるためである。

図 4-1　コロンブス

コロンブスもヴァスコ・ダ・ガマも狙っていたのはインドへの新ルートの発見であった。目的はアジアとの交易を通して莫大な富を築き独占することであった。そして、日本を目指す。

では、なぜコロンブスは日本を目指したのであろうか？

その答えは、マルコ・ポーロの『東方見聞録』（Cipangu）の中でも紹介されており、噂に聞いた日本に眠る「黄金」を獲得するためである。マイケル・ホフマンによれば、コロンブスはイスラムの貿易商人からも日本は黄金の国であることを聞き、日本への野心的な航海を計画する。（M. Hoffman, What if Columbus reached his goal: Japan?, *The Japan Times*, July 23, 2013）。コロンブスは、二十五歳の時にフランスの海賊船に船を沈められ生き延びたナイジェリアの港町のラゴスで、当時の船乗りたちの間で話題となっていた、世界が丸い球体であること、未知の西方にある海や島々、アフリカ各地を発見する老船乗りの話に大きく心が動かされた。皆はマルコ・ポーロの噂話について笑ってあしらったが、コロンブスは何がおかしいのか分からなかった。

日本を目指そうとした二つ目の理由は、コロンブスの同時代のニュルンベルク出身の地理学者のマーティン・ベハイムの航海話と「ベハイムの地球儀」に影響を受けたことである。ベハイムは「シパング島は王と自身の言葉を持っている。住民は偶像を礼拝している。シパングは大量の金を産する。シパングは東方でもっとも高貴で豊かな島で、香辛料と宝石に満ちている。その周囲は千二百マイルだ」と自らの記録書に明記している（笈川博一『コロンブスは何を発見したか』）。

ちなみに、コロンブスが一四七四年にポルトガルのアルフォンソ王の質問に答えて、王の聴聞司祭にあてた手紙には、香料の育つインドへの最短航海は、ヨーロッパの西の端から西に向かって海を越えるべきと記載されていた。また、手紙には中国の香料や富についても書かれており、ジパング（日本）にも金、真珠、純金でおおわれた寺院、宝石の島があると紹介されていた。

そのため、コロンブスは先ずポルトガルの国王ジョアン二世（一四八一～八九年）に接触し、西

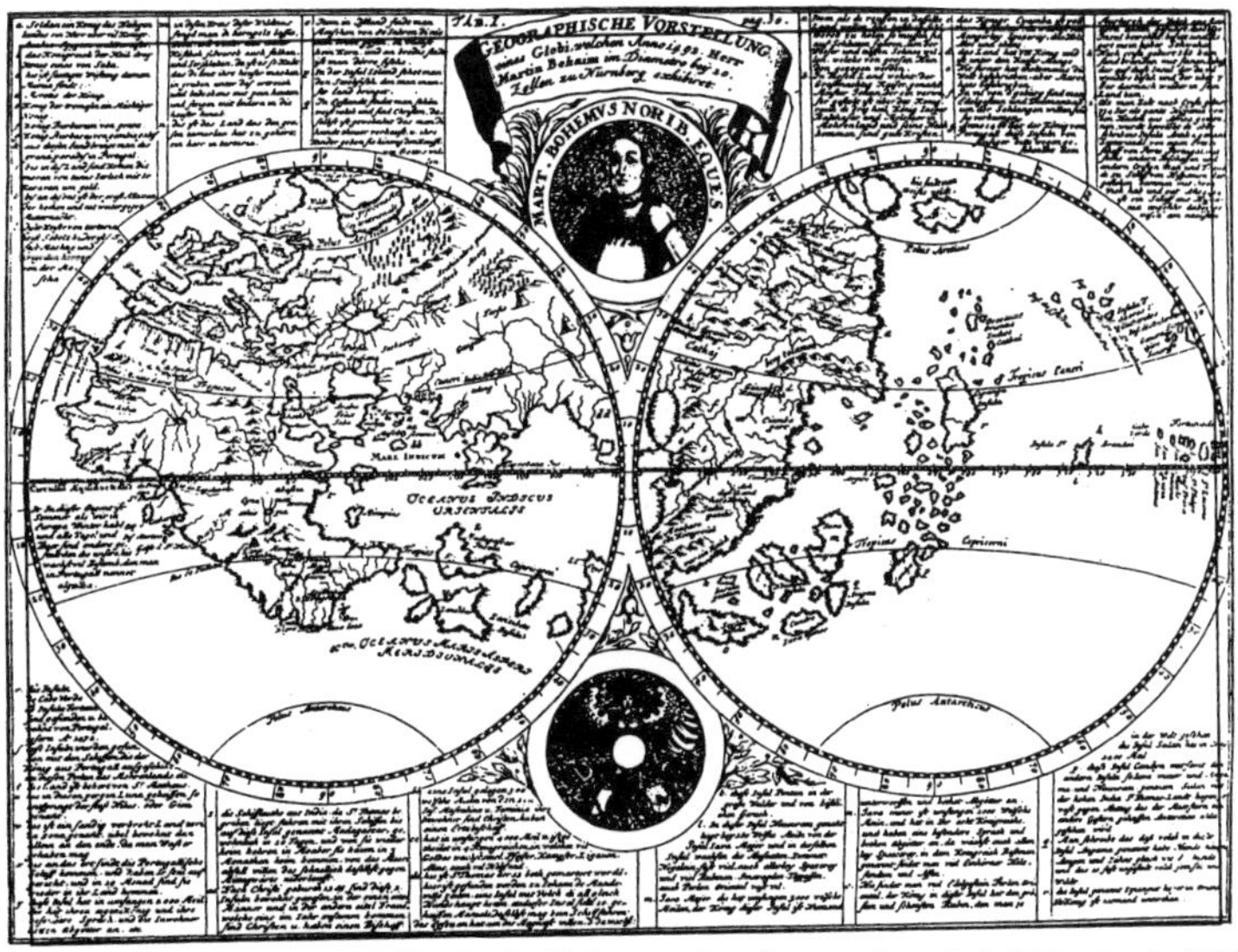

図 4-2　ベハイムの地球儀の両半球図（笈川博一『コロンブスは何を発見したか』（講談社新書、p.119、1992 年）

回りでジパング（日本）、カタイ（中国）へ到達する計画話を持ちかけた。当初ジョアン国王はコロンブスの計画が突拍子もないものであったため認めなかった。しかし、国王は一四八三年頃にマルコ・ポーロの『東方見聞録』を読み、その結果、コロンブスの提案を受け入れる。黄金が獲得できれば、当時ヨーロッパで最も需要の多かった東アジアの産物のコショウと香辛料を手に入れることができるからである。そして、スペインに滞在中のコロンブスをポルトガルに戻ってくるよう求めたが、拒否されてしまう。

ヨーロッパでは、コショウと香辛料は教会の管理する薬局で薬として使われており、必需品であった。当時のヨーロッパでは、疫病が流行しており、それら二つが疫病に対し大きな効果があると信じられていた。
コロンブスは、当初、インドに行くつもりが新大陸を発見してしまう。明らかな失望と思えた。だが、ヨーロッパにとっては、その災いが転じて福となるのである。新大陸のアメリカから、それまでヨーロッパ人が口にしていなかった新たな食材やレシピなどが大量に伝えられることになるのである。例えば、現代の世界中の人たちが食卓で楽しんでいるイタリア料理のパスタやトマト（後で詳しく述べる）、トウガラシやピーマン、サツマイモなどがコロンブスによって紹介されたのである。
コロンブスは第一回目の航海ではサン・サルバードル、ジパング（日本）を求めてキューバ、トルトゥガなど数多くの島々をサンタマリア号で探検し、タヒチ島に要塞を建設し帰港する。この帰還はヨーロッパに衝撃を与えた。ライシャワーによれば、コロンブスはキューバ諸島を日本と勘違いし、新大陸に住む先住民たちをインディアンと呼んだことでも知られているという。（一四九二年八月二十三日）
西方の地がアジアとは断定できなかったが、スペインのイザベル女王はコロンブスの発見を最高度に重要視し、第二回目の探検隊を派遣する。コロンブスは、第三回目の航海（一四九八〜一五〇〇年）において、南米大陸が巨大な大陸であることを発見する。が、彼の後を航海した、かつての部下の水先案内人アメリゴ・ヴェスプッチ（Amerigo Vespucci）は、より詳細な報告、すなわちコロンブスより先に発見したことを示す日付を本国に送っており、これがセンセーションを起こし、それらの地は一五〇七年に「アメリカ」と呼ばれることになった。しかし、アメリカ大陸のことをコロンビアということも多い。アメリカのオハイオ州の首都はコロンブスであるが、首都ワシントンD・Cが「コロンビア地区」と呼ばれているのもコロンブスの名に由来する。「コロンビア」に関して加筆すれば、アメリカのスペース・シャトルの名前も「コロンビア号」であり、一八世紀に世界一周を最初に成し遂げたアメリカ船の名称も「コロンビア号」であった。

3　コロンブスの思わぬ贈り物

ところで、コロンブスによってアメリカ大陸からヨーロッパ大陸に紹介された食材の中には、今のわれわれの食卓に欠かすことのできないものが数多く存在する。その一例が、イタリア料理のパスタやスパゲティには欠かせない「トマト」である。ナス科のトマトとピーマンの原産地は、メキシコからペルーにかけての中南米である。トマトは、アンデス地方では食用として栽培されていたが、ヨーロッパでは一六世紀にスペイン人が輸入した当初は「観賞用」であった。その理由は、あまりにも鮮やかな赤色であり、またナス科の植物には麻酔作用のある植物が多かったため、トマトは有毒植物と見なされていた。そのため食材には使用されてはいなかった。ちなみに、アンデス地方はコカインの産地で有名であった。では、最初にトマトを食材に使ったのは、どこの文化の人びとであろうか？　正解は、イタリアのナポリの人たちである。ナポリは一六世紀にはスペインの支配下にあった。ナポリの人たちは、飢餓のため仕方なくトマトを食用として料理に使用したのが始まりである。そして、トマトは一七世紀から一八世紀にナポリの人びとの食材となった。

「ナポリタン」といえば、トマトソース味の料理を意味するようになった。コロンブスの手によって紹介されたアメリカ大陸からの食材は、イタリアの食文化のみならず、ヨーロッパ文化全体、果ては日本を含む世界の食文化にグローバルな「大革命」を起こすことになる。トマトが日本に紹介されたのは、江戸時代であるが、最初は観賞用であった。食材として使用されたのは明治時代以降である。コロンブスの航海から三〇〇年間は、三つの大陸を結ぶ貿易活動が盛んな時代であった。

なお、「トマトソース」は、イタリア経由でフランスやイギリスに紹介された。しかし、不思議なことは一九〇〇年以前、イギリスの家庭では「トマトケチャップ」は、ほとんど知られていなかったことである。二〇世紀になってイギリスの大手メーカーが大量生産にふみきり、第一次世界大戦が始まる頃になって、ようやくイギリスの一般の家庭で調味料としてトマトケチャップが伝播される。日本ではトマトケチャップの料理方法が明治三十七年に出版された『常盤《ときわ》西洋料理』の中で「トマト（赤茄子）キャットサップサップ」として紹介された。その後、ソースメーカーが明治四十年にトマトケチャップの製造を始めた。

4　ヴァスコ・ダ・ガマの大航海

アジアの近代史と異文化接触は、ヴァスゴ・ダ・ガマのインド航路の発見に始まる。しかもそれは、ヨーロッパ諸国のアジア進出と植民地化の出発点でもあった。インドの歴史学者のK・M・パニカルは「一四九八年のヴァスコ・ダ・ガマのカリカット到着に始まり、一九四七年のイギリス軍のインドからの撤退、一九四九年のヨーロッパ諸国の海軍の中国からの撤退に終わる四五〇年、歴史上に明確な一時期を画している」と述べている。ポルトガルのアジア進出活動は、それに続くオランダ、イギリスなどの進出によって片隅に追いやられるのではなく、一七世紀末まで重要な役割を果たすことになる。特に異文化の伝番の面においてポルトガルの文化はアジアの海洋地域にある文化圏の国々に強い影響を与えた。日本におけるキリシタンの布教活動のみならず、先にも述べた天ぷらなどの食文化以外のボタン、ブリキ、襦袢《じゅばん》など借用語はポルトガルの物質文化を反映するものである。

5　ガマとイスラム・ポルトガル・スペイン文化

近代経済学の父と唱されるアダム・スミスは、一五世紀末のアメリカ大陸の発見と喜望峰を経由する東インドへの航路の発見は、人類の歴史上もっとも偉大で、かつもっとも重要な出来事で

図 4-3　ヴァスコ・ダ・ガマ

あると述べたことがある。ただし、アメリカに関して言えば、アメリカ大陸には既に先住民が住んでいたのであるから、発見という言葉はヨーロッパ中心の表現と言えよう。一五世紀以前の人びとは、アジアとアフリカ、それにアメリカがヨーロッパとが結びつき、それぞれの文化圏の人びとを世界と思っていたが、それ以外にも別の世界が存在することを知った。その大航海時代の幕開けを行ったのがイベリア半島のポルトガルとスペインである。またヴァスコ・ダ・ガマがインドで「キリスト教の布教と香料を求めて来た」と主張したように、彼らをそうさせたものは、異文化に対する好奇心と物心両面のエネルギーであった。

素朴な質問であるが、では大航海時代の幕開けを可能にせしめたものとは何か？　一つめの答えは、一三世紀にはヨーロッパでは船上での使用可能な「羅針盤」が開発されたことである。これによって遠洋航海が容易になったこと。二つめの答えは、「天文学」である。天文学の発達は、目印一つで大海原に進出しても正確に出港したもとの港に戻ることが可能になった。これにより、ヨーロッパ各国が未知の海域へ進める下地が整理されたわけである。実際、ポルトガルはバスコ・ダ・ガマを使い莫大な利益を上げ、当時のヨーロッパで唯一の超大国となった。三つめの答えが、「香辛料」である。「初めに香辛料（テスペテリア）ありき」という喩《たとえ》がある。ヨーロッパ人（特にローマ人）が東洋からもたらした香辛料は、現在のＥＵ（ヨーロッパ連合）ではないが、中世のヨーロッパを動かす原動力となった。大航海時代の幕開けは、香辛料によって、より一層の富を求める商人や国王の現世的な衝動によって、もたらされることになる。

ポルトガルは地理的に地中海を出外れた西端に位置していた。そのため、航海は不可能とされていた。しかし、その海に目を向けたのがポルトガルのエンリケ王子である。しかもエンリケ王子は、東洋への海路を南に探り始めたのである。一四一八年にエンリケ航海士たちを乗せた船はマディラ諸島に到着した。その後、一五一八年に広東や日本に達することになる。（ステファン・ツヴァイク『マゼラン』）。

その間、相次いだ地理上の発見のうち一四九二年のスペイン船隊を率いたクリストファー・コロンブスの新世界発見と、一四九八年のポルトガルのバスコ・ダ・ガマのインドへの到達は、ヨーロッパ諸国を揺るがした。ただし、歴史には皮肉な面も存在する。一四九九年にオマーンのアハメッド・ビン・マジットという船乗りが、ヴァスコ・ダ・ガマにこともあろうに、アフリカの南端を回る航路があることを教え、自らの海であるインド洋を案内した。西欧人にとってのインド航路の発見である。ポルトガルの艦隊は九年後の一五〇九年にマスカットを占領すると同時にマラッカ王国も手中に入れる（その後は、中国のマカオを手中に収める）。その結果、植民地時代が到来する。西暦一五〇〇年を境にして東西の「バランス・オブ・パワー」（力の均衡）が逆転する。

マジッドは自らが善意で行った案内が歴史の転換点になるとは、夢にも想像しなかったことであろう。その岬は今でも「喜望峰」（Cape of Good Hope）と、世界中の人びとに呼ばれている。

6　フェルディナンド・マゼランの大航海

大航海時代、最も大規模な航海を実行した航海士と言えば、やはりポルトガルのフェルディナンド・マゼランであろう。マゼランは、地球（グローブ）を一つに束ねた人物である。と同時に、波穏やかな「太平洋」（平成な海）の発見者でもある。

マゼランはスペインの支援を受け西回りインド航路を発見すべく、南米を回り太平洋の大海原を出て世界周航を成し遂げた航海士である。マゼランは、自ら信じる航海への情熱にすべてを掛けた。マゼランは、エンリケ航海王以来のポルトガル人の航海スピリットと喜望峰を回る東洋への航海で身につけた卓越した航海術の持ち主であった。

一四八〇年にはマゼランは、宮廷につかえていたが、二十四歳の一五〇五年に東洋へ派遣されるインドの副王でもあったフランシスコ・デ・アルメイダ提督の代理士官として東洋へ船出する。ちなみに、フランシスコ・ザビエルをはじめとするキリスト教イエズス会の伝道者たちも、アフリカの南端を廻る航路からインド洋に出るルートをたどりながら、マルコ・ポーロが語った中国とジパング（日本）を目指したのである。それを皮切にマゼランは一五〇九年にはマラッカへ初進出するが敗退する。しかし、一五一一年には再びマラッカへ遠征し占領する。一五一

図 4-4　マゼラン

図 4-5　マゼランのビクトリア号
（エイブラハム・オルテリウスの 1558 年の世界地図の絵）

三年にはモロッコでモール人海賊との戦役などに参加し、航海士のみならず、戦闘士官としてのあらゆる体験をつみ、航海技術も身に付けたのである。マゼランは、次にスペイン国王を説得し、船団を与えられる。「一五二〇年十一月二十八日、われわれは海峡を通過し、太平洋（マル・パシフィック）のなかにのみこまれた」とピガフェッタは記録を残している。また、彼は「あの海（太平洋）は、ほんとうにおだやかであり、航海中一度も嵐に会わなかった」と述べている。

しかし、彼が目指していたのは、アジアの東には巨大な大陸だなと黄金のある大きな半島につつまれた湾があり、その中には香料島があると信じていた。しかも、海峡さえ見つければ、黄金島に到達できるという今でいう、壮大な構想を描いていた。しかし、実際に航海に出て船を進めて分かったことは、彼が描いていた構想は「空想」に近いものであり、大きな湾とは大海であった。マゼランは世界一周をした人物と言われているが、実は、マゼランは西回りで香料諸島に到着する前に、フィリピンのマクタン島で、その島の住民と戦い殺害されるのである。世界周航という偉業に挑戦を試みたが、達成前に非業の死をとげたのである。その後を引き継いで世界一周を成し遂げたのは、ポルトガル人ではなくスペインのバスク地方出身のセバスチャン・デ・エルカーノであった。エルカーノが世界一周を成し遂げたわけであるが、西回りの香料諸島行きの計画を立て、航海の理論を基に反対者の意見をおさえ、信念のもとに航海を実行をしたのはマゼランであった。エルカーノによって達成された世界一周はマゼランが立案した計画の延長線上に、なされたものであった。

7 イギリスによる七つの海の支配

キャプテン・クックの業績について語る前に、イギリスがなぜ七つの海を支配できたかについて、若干触れてみたい。大航海時代初期の文学的成果と言えば、サー・トーマス・モアによる作品『ユートピア』である。国家的要請を背景とする探検、冒険的な航海による国勢伸長期のイギリスは、やがてヨーロッパ第一の海洋先進国となり「海洋帝国」と称されることになる。そして、北米東岸からカリブ海、大西洋航路、北西航路（北米国北側を通過するアジアへの航路）、南米東岸、南米周り太平洋航路、アフリカ南端回りインド洋・太平洋への航路へと広がる自然科学的探検航路や植民、領土拡大、略奪行為などの国家的エンタープライズ（事業）の記録として、また情報として文献に集成される。

イギリスにおける初期の海事記録の収集を見て気づくことは、「情報は力なり」とする国家的な海洋発展ビジョンをバックグランドとしていたことである。これに比べ日本では、鎖国時代における国内の貨物輸送に活動した和船とその海事制度や実像についての記録が残っている程度である。その多くは、江戸時代に勃発した漂流の体験者が幕藩体制下の鎖国令の下で国禁を犯した被疑者として聴聞記録を残したものを中心に談話記録などをベースとした漂流記や海事的体験である。

図 4-6　キャプテン・クック（本名ジェームズ・クック）

日本人および日本社会は歴史的に多くの海洋伝統をもちながら、文化的風土、また地政学的視点から海洋国家としての国民的な文化的遺産というべき記録や文献を生み出すには至らなかった。記録集といえば明治時代の一八九二年に石井研堂による『日本漂流記』ぐらいであり、マリン・リテラチャー（海洋文学）という市民社会の異文化理解の財産、またイギリスのように海事文化の伝統としては有効には生かされてこなかった。

8　キャプテン・クック頭角を現す

キャプテン・ジェームズ・クックがイギリス海軍内で頭角を現したのは、一八世紀にアメリカの北西部や東海岸、カナダ、ニュージランドの各地における戦略的で正確な測量航海と地図の作成で名を上げた頃といわれている。この時代は、太平洋はまだ未知の海であり、各国とも充分な探検は行ってはいなかった。一七七六年七月、キャプテン・クックが太平洋から大西洋に抜ける北航路の発見とオマという男をタヒチに帰還させるという任務のもと、太平洋への三回目の航海を行った頃（なお、クックの第一回航海は一七六八〜七一年。第二回目の航海は一七七二〜七五年で、第三回航海は一七七六〜七九年である）、ヨーロッパの人びとはアジア諸国への貿易を模索していた。が、南米のケープホーン周りでは距離は長く、アフリカの喜望峰への航海では金額が高いうえ、時間がかかり危険でもあった。クックは過去に南半球の太平洋には二度航海した経験があった。ただし、北半球側には行ったことはなく、そのためハワイ諸島の海域には足を踏み入れたことはなかった。タヒチにて二隻の船、リゾリューション号とディスカバリー号の手入れをし、地図に載っていない未知のテリトリーに向け北進した。

図 4-7　キャプテン・クックとサンドウィッチ（ハワイ）島の島民（ジョン・ウェバー画）

9　ハワイと日本とキャプテン・クック

第三回航海（一七七六〜七九年）の公式の目的は、北極海を抜けて太平洋と大西洋をつなぐ北西航路を探索することであった。クックは、ハワイ諸島を訪れた最初のヨーロッパ人となった。クックはカウアイ島に上陸し、時の海軍大臣でクックの探検航海の重要なパトロンでもあったサンドウィッチ伯の名前をとり「ハワイ諸島」を「サンドウィッチ諸島」と命名した。クックは、北アメリカの西海岸を探検するために東へ航海し、バンクーバー島のノコタ・サウンドの中のユーコートにあるファーストネーションズ村の近くに上陸したが、ファンデフカ海峡は見過ごしてしまった。

この北洋航海でクックは、カリフォルニアからベーリング海峡に至るまでを探検、海図を作製し、アラスカの今ではクック湾として知られている場所を発見した。ただ一度の航海でクックは、アメリカの北西岸の大部分の海図を作製し、アラスカの端を突き止め、西方からベーリングらロシア人が、南方からスペイン人が行っていた太平洋の北限探査の空隙を埋めてしまったのである。しかし、クックらが何度試みても、秋から冬にかけてのベーリング海峡は帆船ではどうしても航行できず、そこから北へは進むことができなかった。

10　ハワイ島とカウアイ島でのクック

クック一行は、日記によれば、一七七八年の十二月三十日にハワイ島を「発見」し、「山の頂が雪におおわれているのをみて驚いた。サトウキビをつよく煮だすと、たいへん風味のよいビールができる。私は醸造して水夫にも飲ませようとした」と日記に示している。小さい豚を捧げものにした儀式が終わると、族長のコアーと夕食をともにする。そして四人の者に迎えられた。ベイリーという人物が声高く唱えた。「この句の中でオロノという言葉だけ聞きとることができた」と述べている。クックは、ロノという神のように現地の人びとに思われていた。クックたちが到着した頃、ハワイでは、マカヒキ（Makahiki）という祭の時期であった。現地の人びとはロノ神に敬意を表して宗教的な祝いの儀式に打ち込んでいた。当時ロノ神は海を渡ってハワイに帰ってくるという伝説があった。ハワイの人びとにとっては、クックの乗った見慣れない船がカウアイ島に到着したときに、ロノ神がやってきたように見えたという。

　船の帆はマカヒキの象徴でもあるロノマクアによく似ており、来た時期も伝説通りであった。そのためクックはロノ神として迎えられ、彼と一緒に来た乗組員も同様に盛大な歓迎を受けた。また、ハワイの人びとは、これまでに見たこともない鉄の道具を喜んで受け取った。仕事や他の労働を容易にしてくれるこれらの道具の交換として、ハワイの人びとは多くの貴重な工芸品をクックたちに手渡したという。

　カウアイ島でのある日のことである。ある種のいざこざが続き、代表者であるチーフが殺害されてしまうという事件が起きる。このニュースを聞いたハワイの人びとは盾を持ち、石や短剣で武装し戦いの準備をした。こともあろうに、ハワイ側はクックと乗組員たちを威嚇し続けたため、クックは最高位にあったハワイ側の兵士の１人を射殺してしまう。クックも刺されはしたものの湾に停泊させていた船にたどり着き、発砲を止めるよう指示する。それでもハワイの人たちは攻撃を続けた。その結果、クックは岸の岩上で息が絶え、帰らぬ人となる。この争いで四名の兵士と一七名のハワイの人びとが命を落とした。

　チーフの伝統的な埋葬方法があった。葬り方は、遺骸を骨と肉体とに分け、その骨を最高級のカパという現地の素材に包み、魂が侵されない場所に隠すという慣習である。ハワイの人びとは、クックを神聖な人と見なし、彼をチーフと同じ方法で埋葬した。

11　クックの業績とバンクーバー――カナダとワシントン州

クックの業績は、何といっても、地理学上では、広範でグローバルな探検によりほとんどの地球上の空白を埋める成果をおさめたことである。またクックはビジネスセンスも持ちそなえていた。クックは、アメリカの北西海岸に毛皮の宝庫を発見した。その結果、クックの第三回目の航海（一七七六〜七九年）に随行したジョン・ゴアーなどがネイティブ・アメリカンから購入したラッコの毛皮が極東で高く売れるというニュースが新興国に流れると、アメリカやイギリスそれにロシアの毛皮商人らも取引先を求めホーン経由でアメリカ北西部に向かい、交易所を設立することになる。

加えて、クックの第二回目の探検（一七七二〜七五年）では、部下であった海軍士官のジョージ・バンクーバーはワシントン州、オレゴン州からカナダ・ブリティッシュコロンビア州を探検した。カナダの西海岸の都市バンクーバー、ワシントン州のバンクーバー・ワシントンの地名は、彼にちなんだ名称である。クックは、また航海士として、この時代まで帆船船員を悩まし続けていた壊血病の克服にも成功した。

要約すれば、クックは近代航海への幕開けを開く科学的な方法と態度をもつ航海士として後世に残る偉大な業績を残したことである。クックの死後、彼の部下であったキャプテン・ゴアーは千島列島の沿岸から日本の東を通り、中国海岸を経てマカオに向かうことを決心する。千島列島を航海し、さらに日本の北岸に接している諸島を調査するのも目的の一つであった。おそらく現在の北方四島のことであると思われる。もし、そこに港が発見できるのなら、日本とロシアの近隣の領地に通商を開く手段として有効であると考えていた。もし、クックが健在であったのなら、クックは日本との通商をアメリカのキャプテン・ケンドリックやペリー提督以前に、日英通商条約を締結していたかも知れない。

12　異文化〝トレード・スポット〟のハワイへ

ハワイは、アラスカからの毛皮、東洋のシルクやスパイス、ヨーロッパの人びとが切望する品々などが手に入るとして、貿易商にとっては、理想的なトレード・スポット（貿易の中心地）となった。しかし、外の世界に開かれたハワイは、古代文化に終わりを告げた。何百年もの間孤立していた社会にいたため疫病への免疫力がなかった人びとは、恐ろしい流行病で種族の存続さえも危ぶまれることになったのである。

13　ハワイにおける日系移民の世界

二〇一七年、アメリカのハワイ州オアフ島のホノルル国際空港が、日系初の連邦議員で二〇一二年に死去したダニエル・ケン・イノウエの名にちなみ、「ダニエル・K・イノウエ国際空港」に改名された。イノウエは、第二次世界大戦ではアメリカ軍に志願し、日系兵士で編制された四四二連隊に所属し、ヨーロッパ戦線での戦いで右腕を失った。戦後は、差別にさらされた日系人の立場を変えるために政治の道を志し、日系初のアメリカ連邦議員として日系人の地位向上に貢献した。

筆者はオアフ島滞在時にさまざまなルーツを持つ日系アメリカ人と出会い、彼らが偏見に屈することなく、日系人の地位向上に努力したほか、日本とアメリカの関係改善のために活動してきていること、さらに日本の文化や慣習を守りつつも、それらを新しい形で次世代に引き継ごうと努力していることを知った。一五〇年にわたるハワイ日本人移民の歴史や日系人の歩みのなかで、移民とその子孫がさまざまな苦難を乗り越え、今日の日系社会を築くにあたって大切にしてきたことは、グローバルな異文化交流のありかたを考えるうえで、ヒントになるであろう。ここに、ハワイの日系移民が経験してきた世界を紹介する。

14　ハワイ移住のはじまり

ハワイへの移民は一八三〇年ごろに始まった。外国人によるハワイ投資で、サトウキビ農場や製糖工場が増設され、サトウキビの輸出がふえるにあたって、国外の労働力が必要不可欠となったからだ。日本もその対象となり、ハワイ王国総領事として横浜に駐在していたヴァン・リードが江戸幕府と交渉し、出稼ぎ移民三〇〇人をハワイへ送り出そうとした。しかし、明治政府がハワイと江戸幕府の交渉内容を無効としたため、リードは、明治政府の許可がないまま、一八六八年（明治元年）、英国帆船「サイオト号」に移民一五三人を乗せて出港した。この移民が「元年者《がんねんもの》」である。一八八五年（明治十八）に第一官約移民九四五人が、「シティ・オブ・トウキョウ号」で横浜からハワイへ向けて出発した。

その後、一八八五年に日布移民条約が結ばれ、ハワイへの移民が公的に許可され、一八八五年（明治十八年）に第一官約移民九四五人が、「シティ・オブ・トウキョウ号」で横浜からハワイへ向けて出発した。これらの移民は「官約移民」と呼ばれ、三年契約を結べば故郷に錦を飾れることを謳い文句に募集され、日本で苦しい生活を余儀なくされていた者たちに夢を与えた。

15　写真花嫁

一九一〇年代になると、多くの日本人男性移民がハワイに永住することを決断した。人種差別が根強かった当時のアメリカでは、民族・同胞意識が高かった日本人男性が他民族と結婚することは考えられず、日本人女性との結婚を切望した。しかし、移住地には独身の日本人女性が少なく、青年移住者は結婚相手を見つけることが困難であった。そこで、国を隔てた「写真によるお見合い」が行われるようになる。写真と文通だけで、まだ見ぬパートナーの住む国へ移住した女性たちは「写真花嫁」（ピクチャーブライド）と呼ばれた。

当時の様子を見事に描いている映画に『ピクチャーブライド』（一九九五年、アメリカ）がある。監督・脚本を担当したカヨ・ハッタ、マリ・ハッタは日系三世の姉妹で、自分たちの祖父母の経験をもとに映画を制作したという。主人公のリヨは十七歳で、両親を結核で亡くしていた。当時、結核は差別の対象となっていた病であり、ハワイに行けばその事実を隠せると考えた伯母の仲介で、写真花嫁となる。しかし、リヨが受け取った花婿のマツジの写真は、彼の青年時代のものので、実際にハワイでリヨを迎えに現れたのは、亡くなった父親とほぼ同い年の四十三歳の男性だった。年齢を偽らざるをえなかったマツジと過去を隠さざるをえなかったリヨが夫婦としてともに暮らせるようになるまでの過程には、西洋社会と日本社会、男性文化と女性文化、社会的弱者と強者など、社会的、文化的に作られた、数々の差別や偏見を乗り越える必要があった。

一九〇七年には日本からの移民を原則禁止する紳士協定が日米間で結ばれた。これは、アメリカ国内での排斥運動を受けて、日米両国の政府間で合意されたもので、あらたにアメリカへ行こうとしている日本人労働者に対する旅券発給を日本政府が自主的に停止したものである。しかし、その条項には、アメリカ在住者の両親および妻子を除くと書かれていたため、写真花嫁は紳士協定の抜け道となり「呼び寄せ移民」の手段として活用された。妻としてであれば移民できる――そう考えたリヨのように、日本社会特有のイエ制度から逃れるために、日本から出てきた女性もいたといわれている。

16　第二次世界大戦中のハワイにおける日系人

一九四一年、日本の真珠湾攻撃により、日本とアメリカが戦争に突入すると、アメリカ本土の西海岸域に住む日本人は、アメリカ生まれで市民権を持つ二世も含め、収容所へ強制的に移住させられた。一九四〇年当時のハワイ全体の人口のうち、日系人は約四〇％を占めており、社会的にも経済的にも日系人がいなくては、ハワイが成り立たなくなってしまうため、当初、強制収容されたのは、日本語学校の教員や僧侶、新聞記者など、指導的立場にあったとみなされた人たちのみだった。ハワイの二世の多くは収容こそされなかったものの、「アメリカ人」である自身の取るべき行動として軍に志願する道を選び、日系二世部隊第四四二連隊、第百大隊としてヨーロッパ戦線に送られ、多くの犠牲者を出しながらも戦い抜いた。日本語能力を買われ、軍事情報部に配属された二世兵士は、太平洋戦線で、日本軍の作戦を察知したり、降伏を呼びかけるビラを作成したりした。日本で唯一、住民を巻き込んだ地上戦が行われた沖縄では、防空壕などに隠れていた住民に、日本語で投降を呼びかけ、多くの命を救った二世兵士もいた。

17　終戦後の日系人

終戦を迎えた日本において、二世兵士は語学力を生かし、日本政府とGHQ（連合国軍最高司令官総司令部）の橋渡し役として活動したり、英語や野球などを教えて、日本のアメリカに対する誤解を解く努力をしたといわれている。

さらに、戦後、除隊してハワイに戻った日系二世兵士は、復員軍人援護法による奨学金で、米国本土やハワイの大学、大学院で学び、医師や弁護士、政治家、教師、ビジネスマンなど、さまざまな職業で社会進出を目指した。当時、日系人をはじめ、移民やその子孫は、社会的に不平等な扱いを受けることがあったが、粘り強く社会的地位の向上を目指していった。

一九八八年、レーガン大統領が、戦争中に強制収容された日本人移民および日系アメリカ人に対し公式に謝罪し、一人二万ドルの補償金を支払う内容の「市民の自由法（日系アメリカ人補償法）」に署名した。ダニエル・イノウエとスパーク・マツナガら日系アメリカ議員の尽力が大きな要因となっている。

18　日系移民のライフヒストリー——リリアンの物語

ここまでハワイにおける日系移民の歴史的変遷をみてきたが、ここでさらに一歩、ハワイにおける日系移民の実像に近づき、日系移民の経験とその世界をみていきたい。

移民とは「母国の文化を背負いながら、異国の文化のなかで生きる」「じつに〝微妙〟な存在」である。これまでにみてきたように、ハワイにおける日系移民もまた多様な経験をしており、日系というマイノリティとして生きた移民をめぐる状況も複雑である。ハワイの日系移民の語りを通して、彼らが何を大切にし、何を受け止め、何を引き継いできたのか、彼らが置かれた歴史的、社会的な状況と個人的経験を織り交ぜ、異文化のなかで生きること、そのリアリティに焦点を当てることにする。

19　祖父母をめぐる物語

リリアン・ヤジマは現在九十七歳。娘一家とオアフ島に住んでいる。一九二〇年生まれで、母方からみて日系二世、父方からみて日系三世である。リリアンがインタビューで開口一番に言った言葉がある。「一世の時代は、長男がすべてを受け取る時代だったのよ。次男や三男はほとんど何も受け取らなくてね」。彼女は福岡や熊本で農業を営んでいた次男坊や三男坊たちがハワイのサトウキビ農園で三年契約の仕事についたものの、実際には当てが外れて、三年働いても、お金を稼ぐことができなかったという話を始めた。

「この写真を見て。家はとても貧しかったの。暮らしぶりのひどさがわかるでしょう。お風呂は外にあったけれど、水を浴びるだけのものだったのよ」

今にも崩れ落ちそうな掘っ建て小屋の写真は当時の日系移民一世の生活をあらわしている。

図 4-8　日系移民入植当時のバラックの写真

次にリリアンが見せてくれたのは、立派な家の前に祖父と祖母が立ち並ぶ写真だった。農園を購入した祖父がやっとのことで、自分たちの家を持つことができるようになったときのものだ。「彼らはパイナップル畑を耕しているのではなく、パイナップル農園を経営できるようになったの。暮らしぶりがよくなっているでしょう」。

リリアンの祖父母はドリック（Doric）という名前の移民船で横浜を出発し、一八九九年十月三十日にハワイに到着した。祖父の名前はヤスケ・テシマで福岡生まれ。祖母はエキといい、同じく福岡生まれで、朝倉郡「エゾマチ」出身という。

「福岡はお茶と仏教が最初に伝わったところでもあ

るし、強制的に連れてこられた韓国の人たちが陶芸を教えた場所でもあったのよ」。リリアンがいうように、確かに九州や西日本からハワイへの日系移民は多く、それも手伝って、日本の茶道、仏教、陶芸などがハワイに伝わったとも考えられる。

リリアンと祖父母の関係は親密だった。リリアンの母親は仕事を持っていたため、祖母がリリアンの面倒をみていたという。

図 4-9　祖父の家

「おばあさんはとても貧しくて、いつも〈コンパ〉をしていたのよ。コンパって、食べ物を持っているものが、持っていないものに分け与えるってこと」

コンパは、現代日本では主に飲み会を指すことばであるが、コンパのコンという語源には「わかち合う」というラテン語の意味があり、貧しかった当時の日系社会の助け合いを表現するのに大切なことばだったことがわかる。

「それから〈恥〉と〈我慢〉もおばあさんから教わった。ちょっと文句をいったら、〈我慢しなさい〉っていわれてね。なにか少しでも悪いことをすると〈バチが当たるよ〉って怒られる。〈バチ〉がいったいなんなのか、わからなかったけれど、なにかとてつもなく恐ろしいものだと思った。とにかく、おばあさんと一緒にいるときはいい子でいなきゃと子ども心に思っていたわ」

祖母の教えはリリアンにとって絶対的なものだった。リリアンは英語のほうが流暢であるため、普段は英語で話すが、〈恥〉や〈我慢〉〈バチがあたる〉というエピソードを話してくれたときは、すべて日本語で語った。祖母の話をからだで覚えているのだ。

福岡からハワイに移民した祖父母が、〈コンパ〉をしなければ生きて行けないような貧困からスタートし、〈我慢〉を重ね、貧しくも〈恥〉をかかないよう、〈バチ〉が当たらないよう、人格者として生き、パイナップル農園の経営者となって立派な持ち家を持つことができるようになったことは、リリアンが大切にしている「努力して報われる物語」、「努力による成功の物語」ではないだろうか。

20　父母をめぐる物語

リリアンは、祖父母だけでなく、父母の生き方からも大きな影響を受けている。リリアンの母はアリス・サエ・ノダ（旧姓はアリス・テジマ）という。一八九四年、福岡生まれてハワイで育った日系二世である。

「お母さんにはね。、男の兄弟がいなかったのよ。だから、ハワイの学校に通わせてもらって、日本語もできるようになった。英語も日本語も話せるから、のちにいろいろな仕事を領事館から任されるようになったの」

母親は一九二一年にアメリカ市民となった。総領事館の依頼で、戦後、日系婦人会を再開したときの初代会長となっている。

「お母さんは、戦後、ハワイの日本人女性として、初めて農業以外の仕事を持ったの。菊の葉で薬を作ったりしながら、歯科衛生士の仕事につき、仕事の延長で日本と頻繁に行き来しながら、美容の勉強もしていた。ハワイの若者を日本に送って、美容の修行をさせたりもしたのよ」

「お母さんは自分で農園を購入し、自分で家を建て、外で働いて、家の仕事は女中に頼んだのよ」

これは『ピクチャーブライド』の時代から考えると、大いなる飛躍である。かつて日系一世の日本人女性は、炊事洗濯など、ハワイのアメリカ人家庭の「女中」として働くことも多かったが、リリアンの母親は、二世以降の日系女性が経済的自立をはかるなかでも、パイオニア的存在だったといえる。彼女の活躍ぶりはいくどもハワイや日本の新聞記事に取り上げられている。リリアンは母親についての膨大な量の新聞記事を収集し、嬉しそうに記事の説明をしてくれた。

図 4-10　新聞記事をみせるリリアン

一方、リリアンの父親もハワイ社会の上層部にいるほどの地位であった。ギカク・ノダという、ハワイ生まれの二世であり、ルーツは熊本の農家であるという。ハワイ裁判所の関係者に気に入られ、法律の手ほどきをしてもらい、アメリカの国税庁で弁護士の仕事をするようになり、五〇州目としてハワイがアメリカに加わった際の州法策定にも関わったという。

リリアンの母親と父親は、ハワイの本願寺スクールで出会い、結婚し、四人の子どもをもうけた。リリアンが末っ子で、姉一人とROTC（予備役将校訓練課程）に行った兄二人がいる。

リリアンが披露してくれた、家庭でのエピソードがおもしろい。

「うちでは、父も母も普段は英語を話していて、夕食だけは日本語で話すというルールがあったのよ。でも、誰も日本語を話そうとしなかった。父も母もね。夕食の時間はみんな黙ってしまって、とても静かだったの」

なんとかして、子どもたちにも日本語が話せるようになってもらいたいと願ったリリアンの父母であったが、家庭内言語は英語であったことがわかる。リリアンの母も父も「英語」を学び、バイリンガルでありながらも、英語を母語として貫くことによってハワイ社会での社会的地位を確立していたからであろう。リリアンは「日本語は試験勉強のためにしか勉強しなかった」という。そうなると、日本語を使ったのは、祖母と話すときぐらいだったのかもしれない。無言になってしまう夕食風景が、ハワイにおける日系人の言語意識を物語っている。

21　リリアンと夫をめぐる物語

リリアンの夫はタダシ・ノダといい、タッド（Tad）が愛称だった。ハワイ生まれの日系二世である。リリアンは夫の子どものころの話をしてくれる。

「毎朝、まだ暗い中、夫のお父さんが、提灯をもって、夫を学校に送っていったの。まわりの日系人はみんな貧乏で、途中で学校をやめたのだけど、夫の父親は、夫を学校に通わせ、日本語を学ばせ続けたの。そのおかげで、夫はとても日本語が上手になって早稲田大学にも留学して、軍事裁判で陸軍大将の山下奉文の通訳を担当したの」

このときの裁判をめぐる話はかなり現実的であり、ここでは言及できないが、アメリカ人でありながらも日本のルーツを持ち、真珠湾攻撃の舞台となったハワイに住む日系人の置かれていた立場が伝わってくる話であった。

当然ながら、戦争はリリアンにも関わってくる。戦争で日系人として差別を受けなかったのかという問いかけに対して、

「わたしは在籍していたハワイ大学で、日本クラブ〈わかば会〉の会長だった。十二月七日の真珠湾攻撃の日、ハワイ大学の学生は、わたしを敵だとは思わなかった。みんな勉強していて、知的に優れていたし、差別なんかなかった」

アメリカ本土の日系人が収容され、街では差別や偏見もあったが、日系人や他の民族が多く在籍しているハワイ大学では、問題が起こらなかったのだろう。リリアンは大学では社会学専攻で、卒業後はソーシャルワーカーとして働く予定だったが、戦争が起きたため、軍で働くことになった。

「わたしね、強制収容所に入れられたタダシ（当時のボーイフレンドで、のちの夫）をすごく心配していたの。それで、贔屓にしてくれていたアメリカ軍の上官が軍機に乗せてくれて、タダシが強制収容されているミネソタに連れていってもらったことがあるのよ。女人禁制の軍隊だったから現地で泊まる場所を見つけるのに苦労したけどね」

タダシは強制収容所に入れられ、予備役としてアメリカ軍で働いていたリリアンの兄二人のうちの一人もカリフォルニアの強制収容所に収容されたという。〝日系アメリカ人〟であるがために、日本かアメリカか、といった二者択一の忠誠心を問われ、家族がちりぢりになることも多かった時代、アイデンティティの狭間で生きていたリリアンの心情がうかがえる。

22　リリアンの今

「わたしは、九十七歳という年齢からすると二世だけど、三世でもある。わたしの息子のタイラーは中国系の人と結婚し、奥さんは大阪で仕事をしていたりもする。いろいろなルーツが混ざり合って、家族は文化的に多様になったのよ」

リリアンは、ハワイの「平等院」で月に一回、ドイツやフランスなど、海外からの訪問者に折り紙を教えている。ケアホームやリタイアメントホームを慰問して、フラダンスを教えるボランティアもしている。要請されて「ハワイ福岡県人会」でスピーチも行う。饅頭《まんじゅう》を作るときは、中に餅を入れ、外は可愛らしい絵でデコレーションをする。毎年、饅頭の作り方を習いに日系の子どもたちが家にくる。贈り物に使われていた、質の良い日本の包装紙をとっておいて、プレゼント用の箱をつくる。

「日本の包み紙をこうやってリサイクルするのよ、かわいいでしょ?」

祖父母や、父母のことなど、自分のルーツを丁寧に調べ上げてレポートに書き、自分ができることを他人に教えながら、精一杯生きているリリアンの姿から学ぶべきものは多い。

23　異文化共生とは

ハワイ王国は「西洋」と出会い、その社会と取引を続けることで生き残ってきている。「西洋」による投資でサトウキビ農場の時代を迎え、地元のハワイアンが働き始め、その後、日本人移民の受け入れが進んだ。日系移民は経営者に搾取されながらも、「まじめで働きもの」の労働者として、ハワイ社会に定着していったのである。その後、日本とアメリカの関係が悪くなるにつれ、日系移民の立場も悪くなり、戦争が始まったが、一世の子孫たちは社会進出をはかり、戦時中はアメリカ軍兵士として志願し、戦場に出て行った。現在は日系という枠だけにとらわれない、さまざまなツールがまざりあったアイデンティティを保持しながら、ハワイ社会で影響力をもつようになっている。

現在、日本に多くの外国人が移り住んできている。すでに一〇〇万人を超えており、政府が少子高齢化社会による人手不足の解決のために外国人労働者を積極的に受け入れる姿勢を打ち出していることから、今後も増加が見込まれる。移民とは、外国に永住することを決意して、現地で仕事を見つけ、生活していく人びとをいう。現在日本にやってくる外国人の目に、「日本」はどのように映るのだろうか。そしてその人たちの子孫は、日本を故郷にすることができるのであろうか。

ハワイの一例を見てきたように、日本も、かつては移民の送り出し国であった。日系移民にとって、「祖国」や「母国」とは何なのであろうか。どのようなときに「日本」を感じるのであろうか。彼らにとって故郷は「どこ」なのであろうか。日系移民の歴史を探り、その語りを聴くことは、これから日本にやってくる海外の人びとの考えを知るきっかけにはならないだろうか。文化が多様化している状況を考える際、これから日本にやってくる外国人とかつての日系人には、きっと重なり合うものがあるはずである。日系人について知ることから、真の意味での異文化共生について考えることができるのではないだろうか。

第五章

異国・異境漂流記

歴史家のG・バラクララは『世界史の転換期』という書の中で、次のような興味深いコメントを残している。ヨーロッパが陸海において外向きに拡大しようとした、まさにその時東アジアは内向きになり貝のように国を閉じようとしている（G.Barracloigh, Turning Points in World History, 1977, pp.21-23）。言い換えれば、ヨーロッパが活動範囲を新しい世界に向かって拡げたのに対し、日本は「タコ壺」を作り、その中に身を隠してしまったのである。つまり鎖国である。歴史をひもとくと、漂流・漂着・それに移民による移住が大きな歴史の転換点をつくったことが多く記載されている。漂流民は日本近代史においては相応しい地位を与えられることがなかった不運な船乗りたちである。漂流民の中には異文化交流や日米関係にも貢献した物言わぬ英雄たちもいるものの、彼らの多くは歴史家から忘れられ黙殺された。彼らの多くは不幸な船乗りたちであったが、鎖国時代の日本を離れた異端者として取り扱われている。和辻哲郎は『鎖国――日本の悲劇』の中で、「鎖国」の意味について以下の見解を述べている。「鎖国が何を意味したかを十分に理解することが必要である。それは、歴史の問題であるが、しかし、歴史家はその点を明らかに理解させてくれなかった。歴史家が力を注いだのは、この鎖国の間に日本において創造せられた世にも珍しい閉鎖的文化を明らかにすることであった」と述べている。他方、クリス・ボニントンは『Quest For Adventure』の中で、「移住者」について興味深い解説を加えている。「人びとが大海を航海し始めたのは、ずいぶん昔のことだが、それは冒険心から出たというより、新たな移住の地を求めることであったり、植民地や交易の相手を求めるためだった」。

1 異国渡航禁止令

徳川幕府は、一六三三年から一六三九年にかけて以下の異国渡航禁止令を政策として執行する。「異国江日本之船遣之儀、堅停止之事。一、日本人異国江遣し申間敷候、若忍へ候而乗渡る者於有之ハ、其者ハ死罪、其船船主共ニ、留置言上可仕事。一、異国江渡リ住宅仕有之日本人来り候、死罪可申付事」。これによって、船乗りの漁師や水夫たちの間に恐怖心が広がった。江戸時代の船乗りや水夫たちにとって不利な点は、(一)外洋航海術を身につけていなかったこと。(二)海洋船の建造も禁止された結果、いったん日本の領海外から離れ海難に遭遇すると、難破し漂流するケースが増加した。(三)さらに船乗りたちは、領海外に出ると異文化の人びとと遭遇し、接触するという厳しい国策を犯した犯罪者となるという心理的苦痛を経験することになる。この異国渡航禁止令が出された背景には、以下の理由があった。当時、大航海時代後のヨーロッパの列強諸国が、競って今の日本を含むアジア進出に乗り出したこと。そのため、日本が西欧列強の支配下に吸収されるという恐怖心があったこと。また、キリシタンの宣教師たちは、日本人にとっては異文化侵略の先遣者と見なされていたことによる。また、彼らが一五四三年に種子島に鉄砲を紹介したポルトガル人のように鉄砲を備えて日本中の有力大名と手を組み反乱を起こすという危惧が、幕府にプレッシャーをかけ脅かし続けたのである。

幕府の戦略は、国内政治と社会を安定させる名目で、一般の人びとには異文化や諸外国の情報を提供せず、また、幕府の情報も秘密にし「知らしむべからず、由《よ》らしむべし」という政策を打ち出した。船乗りと水夫たちには、港の閉鎖と異文化との一切の対外折衝・交渉の禁止を命じたのである。ただし、例外として長崎の出島を通してオランダ人と中国人だけは、年に一度、長崎港で最小限の通商貿易を続ける許可を与えた。

2　異国・異境漂流民とは

日本が鎖国政策をとっていた二五〇年の間、異文化の人びとと接触した日本人は長崎における限られた数名を除いて、他は漂流船で難破した乗組員たちだけで、彼らこそが「漂流民」であった。漂流民となった船乗りの中には異境・異国に長期滞在をし、有益な見聞を記録に残した人物もいる。大黒屋光太夫や尾張出身の音吉、ジョン万次郎やジョセフ彦などである。多くは無筆であったが、努力の末、異国の現地語を習得し日常のコミュニケーションと対人力も身につけた人物も存在する。漂流民たちが、かりに日本に帰国できた場合でも、以下の規制があった。まず、幕府の役人による長期取り調べを受けねばならなかった。二つめに、御禁制のキリシタンに改名しているか否かを知るために「踏み絵」が行われた。三つめに祖国に対する忠誠心、忠義に疑いがないと判明した場合、異境・異国見聞したこと、異国についての情報を幕府の取り調べ役人や学者に報告することになった者もいる。幕府にとっても、取り調べの役人や学者が口聞きを通して作成した異国事情の報告書は、異国に関する貴重なトップシークレットの情報源となった。オランダ人にも規制が設けられた。例えば、居留地は、出島内に限定され、日本人との交際、付き合いも認められず、キリスト教の布教も禁止された。オランダ人たちは自国にとってメリットのある情報のみを幕府に伝えるというメッセンジャーの役割を担うことになる。

3　最初に北アメリカを見た日本人

一般には、最初に北アメリカを見たのは、通説によれば、一八三二年にアメリカ北西部の海岸に到着した三名の日本人漂着人となっている。しかし、それより二〇年前の一八一三年にイギリス船に救助された尾張の漂流民であった重吉が、南カリフォルニアとアラスカを訪れている。重吉は『船長日記』の中で、最初に寄港した南カリフォルニアについて「ここはロシアの従国、北アメリカ南アメリカの界にてノーハイスパニアというと所なり」と述べている。また、その後訪れたアラスカのルキンという町についても「ここはオロシアに従える国なり」と報告している。

重吉の次にアメリカを見たのは、尾張の音吉（乙吉とも記入される）、久吉、岩吉の三人、通称「三吉」たちである。時は一八三二年の十月、現在の愛知県美浜町の乙吉（音吉）、久吉、岩吉の三人が宝順丸という千石船に乗り江戸に向かったが、暴風雨に遭い漂流する。船は一四カ月間、漂流を続け辿り着いたのがアメリカ北西部ワシントン州の州都オリンピア近くのフラッタリー岬のケープアラヴァであった。船長含め乗員一三人中生き残ったのは、音吉、岩吉、久吉の三名だけであった。現地のアメリカ先住民に助けられたが売り飛ばされる。三吉たちが、最初にアメリカを見た日本人であった。三吉たちは、ハドソン湾会社のイギリス船に売り飛ばされる。彼ら三名のニュースはロンドンまで届けられる。ハドソン湾会社は、三名の費用を負担し、マカオ行の船に乗船させる。途中、イギリスのロンドンに立ち寄る。これまで、若宮丸の津太夫ら四名がロンドンに寄港しているが、上陸はしていない。したがって、三吉たち三名がロンドンに一〇日間ロンドン見物などを経験したことから、音吉、岩吉、久吉たちが最初にロンドンに足を踏み入れた日本人である。

その後、三名は南アメリカ、欧州、アジアを回り、鎖国日本への帰国の機会を狙っていた。三名は、マカオでドイツ人のカール・ギュツラフ宣教師の世話になる。お世話になった恩返しに音

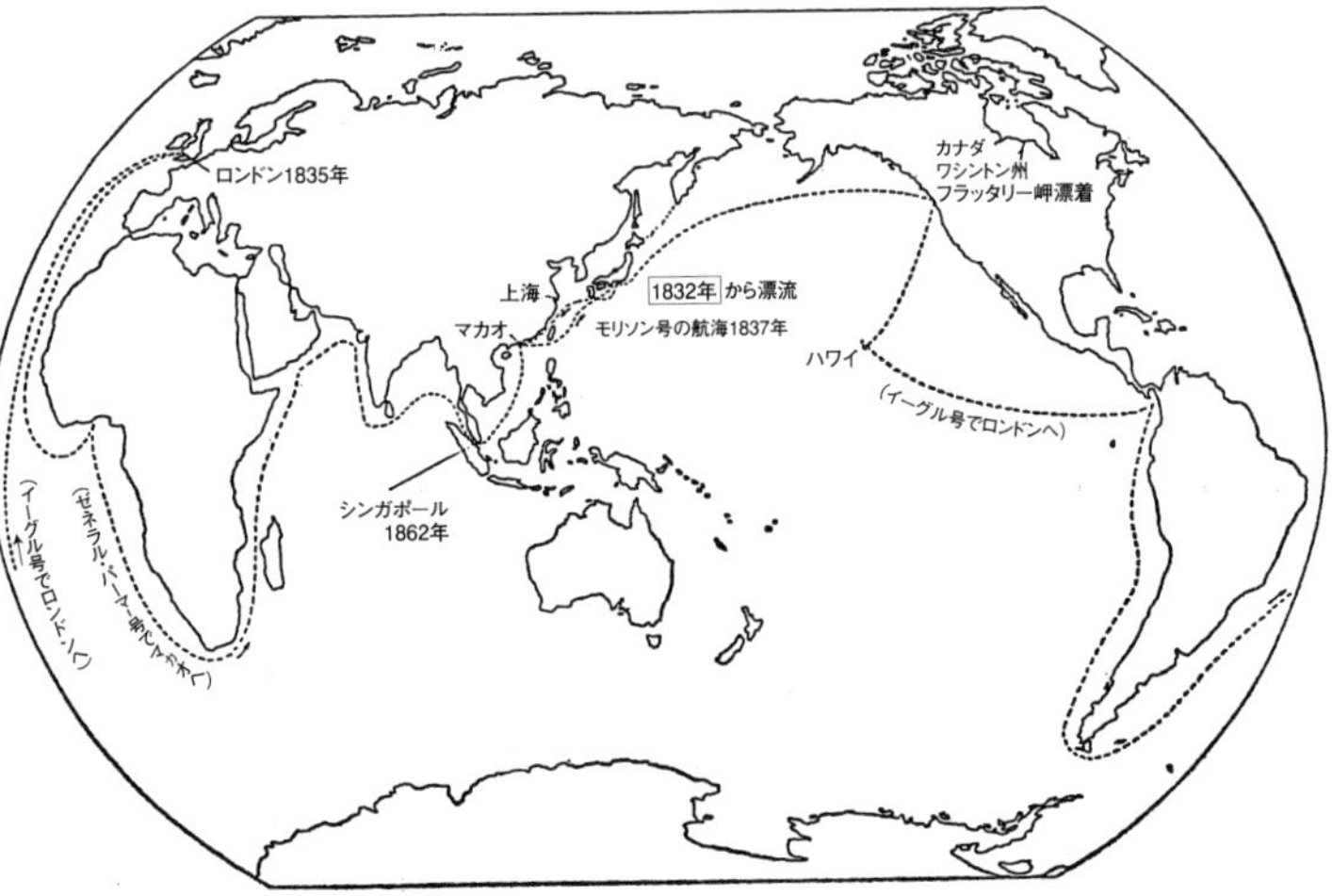

図 5-1　音吉の遍歴図 1832 ～ 1863 年（モリソン号記録より）

吉らは三名は一八五三年に「ギュツラフ訳聖書」を完成させる。

一八三七年の三月にマカオに届けられた薩摩の漂流民の庄蔵、寿三郎、熊太郎、力松の同胞と対面する。同年の六月、七名を乗せたイギリス船は、日本の那覇に向かう。そこで「モリソン号」に乗りかえ、日本に向かう。しかし、七月三〇日に三浦半島付近で小田原藩と川越藩から予期せぬ「砲撃」を受ける。通称「モリソン号」事件と呼ばれる事件である。当時、幕府は異国船打ち払い令を発令していた。日本沿岸に接近する異国船を見つけ次第に砲撃し、追い返すという強硬外交政策を取っていた。ただし、「モリソン号」は軍艦ではなく非武装の商船であった。加えて、日本人漂流民を届けに日本に来航したため、この事件は波紋を広げることになり、渡辺崋山や鴨長明らが幕府の政策に対し非難書を記したため、彼らも幕府に逮捕される「蛮社の獄」が起こった。音吉は、一八四九年、中国人通訳として、測量のため神奈川県の浦賀に来航したイギリス船「マリーナ号」に乗船していたが、祖国へは上陸できずじまいであった。

「モリソン号」に対する発砲事件は、日米の関係を悪化させることになる。通商もできず三吉ら三名の漂流民らも祖国には帰れず、モリソン号はマカオに戻らざるをえなかった。三吉らは、再度チャールズ・ギュツラフの元に預けられ、一八三八年にアメリカに向かった。その後、音吉はアメリカから上海に渡りイギリス兵としてアヘン戦争に従軍し、デント商会に勤務する。同社のイギリス人女性と結婚し、メアリーという娘が誕生するが、メアリーは四歳で他界する。妻もその後他界する。その後、シンガポール人の妻ルイザ・ベルダーと再婚する。

一八四九年、音吉はイギリス船に乗船し、中国人「林阿多」という偽名を使い祖国の浦賀に向かう。一八五三年、ペリー艦隊に同行するはずであった栄力丸の船員であった仙太郎ら日本人漂流民の脱走を手助けし、清国船で日本に帰国させる。一八五四年の九月、イギリスの極東艦隊司令官であったスターリングの通訳として長崎に向かい、日英交渉に関与する。二度目の長崎訪問の時に福沢諭吉などに会い、中国、アメリカなどの国情についての情報を提供する。この時、日本への帰国を勧められるが、上海でビジネスの地盤を固めていたこともあり、誘いを断った。

その後、音吉は一八六二年に上海からシンガポールへ移住する。シンガポールで、幕府の文久使節団員でペリー提督の通詞を務めた森山栄之助、それに福沢諭吉とも再会し世界情勢について語り合う。一八六四年にジョセフ・ヒコではないが、日系英国人となりイギリスに帰化し、ジョン・マシュー・オトソンと名乗ることになる。

一八六七年にシンガポールにて、息子のジョンW・オトソンに、自分に代わりに日本に戻ってほしいとの遺書を残し他界。妻ルイザ・ベルダーとの間に三人の娘と男の子一人を授かった。オトソンは横浜で日本人女性と結婚し、「山本音吉」と改名する。しかし、当時の明治時代には帰化に関する法律が制定されておらず帰化をあきらめる。晩年、山本音吉は、妻子を連れて台湾に渡り一九二八年に同国で他界する。

4 ハワイへ漂流した日本人漂流民

「安芸の稲若丸」記録に残っている例では、一八〇六年に安芸の稲若丸の乗組員が捕鯨船に救助されてハワイに上陸している。

長者丸の米田次郎吉たち

一八三八年には「蕃談《ばんだん》」と云う名で漂流記が残されている富山の運搬船、長者丸の米田次郎吉。ジョン万次郎より二年早く、最初にアメリカを見た日本人として知られる。長者丸の次郎吉のハワイ上陸一七〇周年記念の行事として、「長者丸」漂流民たちの知られざる記録を紹介する講演会が二〇一八年十二月二日アラモアナホテルで開催された。

江戸時代末期、太平洋岸で遭難した漂流民のうち、特に有名なのが、ジョン万次郎である。しかし、万次郎より二年前にアメリカの捕鯨船に救助され、幸運にも生還した無名の人びとがいた。それは一八三九年秋に、前年末から春までの五カ月間の漂流を経てハワイに上陸した北前船「長者丸」の漂流民たちである。彼らは約一年間ハワイに滞在した。幸いに英語の会話も習得して交流ができたので、当時の日米両国に膨大な情報をもたらし、日本の開国にも影響を与えた。江戸の鎖国時代、海難事故でアメリカに保護され、五年後に帰還したのが岩瀬船籍六五〇石の北前船（バイ船）長者丸である。長者丸は密田家の持ち船で、長昆布が薩摩を通じて沖縄にそして、中国に運ばれていった（富山大学の高瀬重雄の研究）。当時、薩摩藩は清国と昆布交易を行っていた。しかし、それは密貿易であった。幕府に知られてはならないものだった。

そこで、昆布を薩摩まで運ぶのに、西廻り航路をとらずに、太平洋側を航海するという危険を冒す選択肢を選んだ。能登屋の持船の北前船「長者丸」（六五〇石積み、二一反帆）は、一八三八年の四月に西岩瀬港を出帆。九月中旬、松前箱館で薩摩藩向け昆布を五、六〇〇石積み込み十月上旬出港する。十一月上旬に仙台唐丹《とうに》湊《みなと》釜石に到着する。十一月二三日に同港を出帆するものの、大西風に吹き流されて遭難する。五カ月間、太平洋上を漂流した。乗組員一〇名のうち五三郎、金六、善右衛門が死去。幸運にも翌年四月、アメリカの捕鯨船ジェームス・ローバ号に救助される。その間、生き延びるための食糧といえば、昆布であった。彼等は三隻の船に分乗しサンドイッチ諸島（現在のハワイ）に上陸する。米田次郎吉等の三人はハワイ島ヒロに上陸する。中国の広東出身者の家や、ホノルルの牧師の家などで世話になるが、砂糖きび畑で過酷な労働に従事する。また当時、日本人として初めてハワイ国王カメハメハ三世とも謁見する機会を得た。一〇人の乗組員のうち米田次郎吉、鍛冶屋太三郎など六人がハワイで生活する。その間次郎吉は、その土地の地形、動植物、人びとの暮らし方、建造物、防衛体制のほか、見聞した印刷工場、砂糖きび工場、製塩所、屠殺場までも細かに図解して記録する。その後、カムチャツカ・オホーツク・アラスカのシイトカへと送られ、一八四三年にロシア船によって択捉《えとろふ》島に無事帰還する。日本へ送還する船が決まり、シトカのロシア・アメリカ商会（露米会社）シャベイの支配人アードフ・カーロウィチの家で送別会が行われ、餞別に大きな柱時計がプレゼントされる。この時計は帰国後、富山藩の親藩である前田藩の前田斉泰公に贈呈された。この時の次郎吉ら四人の体験談は『時規《とけい》物語』『蕃談』などの書物にまとめられた。しかし、多言語を覚え、記憶も確かだった次郎吉の情報量は、大変際立っていたと伝えられている。次郎吉は教育をほとんど受けていなかったが、好奇心旺盛で記憶力も抜群であった。加えて外国語の習得も早く、しかも見たものを正確に描き、図解までもする類稀な才能の持ち主だった。

『蕃談』は幕府の学者（古賀謹一郎）によって書かれたものである。しかし、鎖国下の日本では一般に知られることを恐れて公開されなかった。井伏鱒二の小説に『漂民宇三郎』があるが、かなりの部分を『蕃談』に拠っていてる。次郎吉も登場するが、一人だけ帰国せずハワイに残った宇三郎への聞き書きという形で描かれていている。この宇三郎は架空の人物である。そして、一八四一年に仲間とともに鳥島でアメリカの捕鯨船「ジョン・ハウランド号」に救助され、ホノルルに到着した万次郎と続く。

ジョン万次郎（中浜万次郎）

尾張の乙（音）吉や久吉、岩吉（三吉）以外でアメリカへの漂流者として有名なのが、ジョン万次郎（中浜万次郎）とジョセフ・ヒコ（濱田彦蔵）である。ジョン万次郎は、一八四一年の一月に仲間四人と幡多沖に出漁中、嵐に合い遭難する。鳥島に流され、雨水とアホウ鳥を食し洞窟生活を過ごした。半年後、アメリカの捕鯨船ジョン・ハウンド号のホイット・フィールド船長に救助される。日本は当時、鎖国していたため、年配者たちはハワイの寄港先で下ろされる。

ハワイにおいて十四歳の万次郎の才能を認めたホイット・フィールド船長は、万次郎の要望も聞き入れ、本国アメリカに向けて航海を続けた。そして、万次郎は、マサチューセッツ州のへア・ヘイブンにあるホイット・フィールド船長宅で英語を身につける。その後、船長の養子となり一八四三年にオックスフォード学校、翌年には、船長の計らいでバーレット・アカデミー校で測量、航海術、鯨油採取法などを学ぶ機会を与えられた。その後、万次郎は、世界周航の捕鯨船の乗組員として生活を続けた。しかし、一八五〇年に帰国の決心をする。帰国の資金を貯めるためゴールドラッシュで注目をあびていたカリフォルニア州の金鉱で数カ月働き六〇〇ドルの資金をつくる。

ペリー提督の姪孫《てっそん》で甥の子に当たり、提督と同姓同名のマシュー・カルブレイス・ペリー博士の研究によれば、資金を持参しハワイのホノルルに立ち寄り、そこで同郷の土佐出身の漁師仲間と再会する。滞在中は医者で宣教師でもあったゲリット・ジュド氏が万次郎たちの面倒を見てくれた。また、万次郎は、クエカーの司教であり、またフレンドの刊行物「ザ・フレンド（The Friend）の出版物の担当者でもあったサミュエルC・デイモンの世話にもなる。デイモン氏は、万次郎らが帰国するための便船「アドベンチャー号」を購入するため、「ザ・フレンド」と当時の地元の新聞「ポリネシアン」（Polynesian）を通した資金集めの活動をかって出てくれた恩人である。言い換えれば、万次郎はデイモン氏のお蔭で、帰国の途につくことができたのである。万次郎は、その後もデイモン氏と喜びの再会することになる。

図 5-2　中浜万次郎とホイット・フィールド船長（絵はがき）
(painting by ARTHURMONIZ, FAIRHAVEN, MA.)

万次郎は、同年一月に上海経由の「アドベンチャー号」で琉球に戻り、摩文仁《まぶに》に上陸する。一〇年ぶりの帰還である。薩摩に送られ島津斉彬《しまづなりあきら》から事情聴取を受け、その後、長崎奉行所の厳重な取り調べを受け、土佐藩主の山内豊信が身元引受人になり、故郷の中浜の土を踏むことが許される。土佐藩では、万次郎を登用し、西洋事情や英語の指導にもあたらせた。その中には坂本竜馬や岩崎弥太郎などもいた。折から黒船ペリー来航となったが、万次郎がアメリカ側につくのではないかという疑念を持った幕府は、万次郎を日米の公式通訳者には任命しなかった。その代わり、万次郎に翻訳、軍艦の操作指導などにあたらせるかたわら、『英米対話捷径』を刊行する。一八六〇年、万次郎は遣米使節団の随行船の勝海舟艦長率いる「咸臨丸」に乗船し通訳としてアメリカに向かう。なお咸臨丸は一八六〇年五月八日、サンフランシスコを出港。航海一六日でホノルルに入港する。万次郎はハワイで最も人気があった。そして、デイモン司教とは九年ぶりに再会する。咸臨丸はホノルル滞在三日目に出港し、同年六月二十二日に浦賀に帰港する。

万次郎は、咸臨丸の航海中と使節団のアメリカ滞在中には、通訳と航海長を兼務することになる。万次郎がサンフランシスコ滞在中、写真技術ばかりか薬剤の調合法を習得する、それにミシンを購入する。帰国する際、万次郎はアメリカから日本に初めて西欧の文明の利器を持ち帰った。当時の人びとは、ミシンが着物を縫う速さに驚嘆したという。

ところで、万次郎は咸臨丸で渡米する前年の一八五九年に『英米対話《えいべいたいわ》捷径《しょうけい》』を出版する。以下が万次郎が紹介したアメリカの発音である。

善き日でござる。
Good day' Sir（グーリ・デイ・サー）
いかが　ごきげん　　あなたさま　ようござるか。
How do yo do Sir ?（ハウ・ズゥ・ユー・ズゥー・サー）
わたくし　ことのほか　こころありや
I am pretty well.（アイアム・プロテ・ウワエル）
あなたや　ててごは　いささかこころよくよりも　かれのすぎし　この　あさ
Is your father anything better　than he was this morning ?（イジ・ユーア・ファザ・エネセンキ・ベタ・ザン・ヒー・ウォージ・ゼシ・モーネン）

万次郎は、帰国後は開成学校の教授として英語指導にあたる。また小笠原諸島の開発にも協力する。万次郎は、あくまでも日本人として生きようとした。

一八五三年、歴史の偶然が万次郎の運命を変える事件が起こる。ペリー提督率いる「黒船来航」事件である。英語が堪能で、アメリカ事情に最も詳しい第一人者と思われていた万次郎であったが、幕府側の強硬派の連中からは「万次郎はアメリカのスパイではないか?」とも思われていた。そのため、ペリー提督と幕府との公式通詞（通訳）の役からは外されてしまう。ただし、後に幕府の旗本に取り立てられる。

特筆すべきは、万次郎がアメリカで学校に通い勉強をしたのは、わずか二年五カ月であった。それ以外の技術や学識や見識とともに万次郎が身につけた英語力は、彼がアメリカ滞在中に出会ったさまざまな職業の人たちとの異文化交流と、働きながらの生活の中で体感し学び得たものであった。万次郎の英語力は、書物からではなく、「体で覚えた英語」である。それは、万次郎は、ポジティブ思考の持ち主で好奇心も旺盛だったことにも関係する。

図 5-3　ジョン万次郎の通ったアメリカの小学校

明治三年（一八七〇年）万次郎は、明治政府の大山巌らに従って普仏戦争の実地視察調査を命じられヨーロッパに出張する機会を得る。そして、帰途にアメリカのニューヨークに立ち寄り、万次郎にとって第二の故郷となったフェアヘイブンに向かい、大恩人のホィットフィールド船長と感動的な再会を実現させ、船長宅に二日間滞在する。

その後、ハワイにも立ち寄り旧知を訪問する。万次郎は歴史の最前線に立たされた一庶民であった。が、自分の意図、意思にさえ反して、まぶしい光の中を歩まされていたとも言える。動乱の幕末から明治の時代を生きた在野《ざいや》の息吹と精神が感じられる人物であった。

ジョセフ・ヒコ（**濱田彦蔵**）

漂流してアメリカに渡った日本人の中で、最も知られているのが、ジョン万次郎とジョセフ・ヒコ（日本名は濱田彦蔵）であろう。彦蔵は万次郎よりも一〇年後に漂出する。漂流をした年齢は、万次郎が十四歳でヒコ蔵が十三歳であり多感な少年時代であった。両者はたった一回かぎりの出会いをしている。時と場所は、日米修好通商条約交換のため一八六〇年二月十三日にアメリカの軍艦に乗り出発した際、咸臨丸の船上である。彦蔵は、最初の米国総領事のタウンゼント・ハリスの通訳官であったため、船上ではアメリカ領事付の通訳として、一方、万次郎は、日本側の通弁主務として出会っている。互いに言葉を交わした時間は三〇分ほどであった（富田房『中浜万次郎の生涯』一九七〇年）。

ジョセフ・ヒコは、日本人として最初にアメリカ市民権を得、米国のリンカーン大統領に会い、尊王攘夷の嵐の中に通詞を務め、日本で最初の新聞『海外新聞』を発行した人物として知られている。ヒコは、日本人として初めて英書（英文自伝）『The Narrative of a Japanese』を発行する。序文は歴史学者であったマードックによるものである（なお、マードックは、ヒコの文章に少し手を入れたりしている）。一八六三年の『漂流記』の中でヒコは「……去りながら父母の国なれば、異国の人別にておわらんも本意ならず。希《こいねがわ》くは、日本の読書をも学び、時を得て日本人別に戻り、異国と日本の両国に在て、両国の為に微功をいたし、国恩を報ぜんことを願うばかりなり」と記述している。ヒコは、日米という二つ文化の狭間に引き裂かれた最初の日本人と言える。

時は一八五〇年の十月二十日、江戸見物を終えた十三歳のヒコと他の乗組員、計一七人を乗せた栄力丸が江戸から兵庫県の播磨に戻る途中に大嵐にあい遭難する。その後、生死をさまよう五二日間の漂流がはじまる。幸運にも十二月二十一日、米国船オークランド号に救助されサンフランシスコに到着する。その後、皿洗いや通訳を経験する。ヒコは、幸運にもサンフランシスコ税関長のサンダースにみこまれ、同氏の書生兼秘書になる。サンダースが故郷のメリーランド州ボ

図 5-4　ジョセフ・ヒコとヒコの著 "*The Narrative* OF A *Japanese*"

ルティモアに移り住んだ際も、ヒコも同行する。サンダースを通して、日本人として最初にアメリカ第一四代目のフランクリン・ピアス大統領に謁見した。二度目は一八五七年に第一五代目のブキャナン大統領に謁見する。三度目が第一六代目のエブラハム・リンカーン大統領である。この出会いの際、リンカーン大統領に会う目的は、日本の米国領事館において通訳の仕事を斡旋してもらうためであった。なお、一八五四年、ヒコは十七歳の時に、聖マリア教会でカトリックの洗礼を受ける。一八五八年には、二十二歳で帰化し「日系米国人第一号」となるが、同年長崎に帰国。神奈川では米領事館のドール領事の通訳として務める。日本

において身辺の危機を感じ、ニューヨークに一時戻ることになる。サンダースとの再会もあり、第一六代目のエイブラハム・リンカーン大統領にも会い機会を得た。一年後、再び横浜に戻り通訳の仕事を行う。しかし、米国艦船上から下関砲撃を目のあたりにし、日本国籍の取得を考える。一八六三年に通訳業を辞め、横浜で商館を営み、日本初の新聞『海外新聞』を発行する。しかし、その後も、イギリスとの合弁会社を作ったりするが、国籍の違いや商才の不足もあり多くの失敗を経験する。ヒコが神戸在住中の四十四歳の時に、十八歳の松本鋹子《ちょうこ》と結婚。ようやく、いっさい役人めいた仕事から開放された人生を送ることになる。

5　最初にロシアを見た日本人たち

初めてロシアを見た日本人は、通説となっている大黒屋光太夫《だいこくやこうだゆう》ではなく、金融業を営んでいた伝兵衛ら一三名の漂流民たちである。彼らは大坂から江戸に向かう途中、二八日間漂流し一六九五年にカムチャツカ半島の南部に漂着する。伝兵衛はペテルブルクに招かれ日本語と日本事情についての指導者となる。、伝兵衛の後に南部の三右衛門、薩摩の宗蔵や権蔵などが続く。一七三六年に宗蔵や権蔵はロシアの科学アカデミーに設立されたロシア初の日本語学校の教師となる。権蔵は、世界初の露日辞典を完成させた。その後、南部の多賀丸が漂着する。漂流民五名が既に亡くなっていた宗蔵や権蔵の後を継いだ。その後、日ロの交流史に特筆される大黒屋光太夫ら一

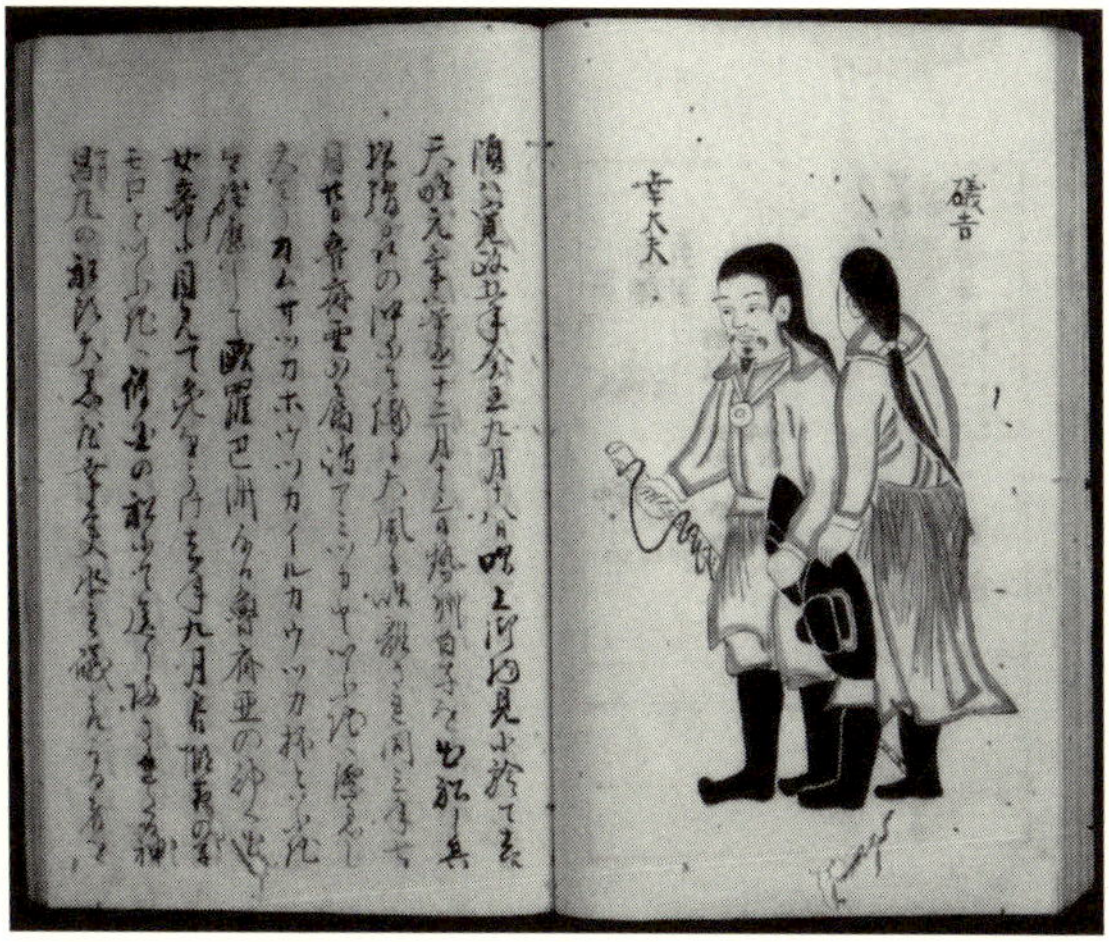

図 5-5 「光（絵画では幸）太夫と磯吉」（函館市中央図書館所蔵）

行が一七八二年の年末に遭難し、カムチャツカに漂着する。一七九一年、光太夫はシベリアやイルクーツクを越えペテルブルクに向かう途中、博物学者のキリル・ラクスマンらの協力を得て、女帝エカテリーナ二世に謁見する。日本の伝統音楽も歌い紹介する。光太夫、磯吉、アダム・ラクスマン（キリルの息子）らロシア最初の遣日使節を乗せた帆船「エカテリーナ号」が一七九二年に根室に到着する。光太夫、磯吉らは一〇年ぶりに祖国の土を踏むことになる。半年ほど根室で越冬した後、一七九三年七月十五日に箱館港に到着する。米国のペリー艦隊が来航する六一年前、ラクスマンと光太夫らが乗った北の黒船の突然の来航で箱館の街はパニック状態になったという。ラクスマンは根室滞在中に日本に初めてスケートを紹介する。松前でロシアは日本との通商を求めたが、「漂流民は受け取る。望むところあらば長崎に渡来され、返答を待たれたい」との申し伝えがあり、ロシアとの通商は実現しなかった。

一九九一年ロシアのゴルバチョフ大統領が、

図 5-6　箱館に上陸したアダム・ラクスマンの肖像画（函館市中央図書館所蔵）

図 5-7　光太夫たちが乗って帰ったエカテリーナ号（『北槎聞略』より）

ソ連の最高首脳として来日した時に、光太夫が日露の異文化交流史に残した功績を、宮中晩餐会で次のように披露した。「天皇皇后両陛下――私ども両国とその国民は、隣人でもあります。私たちの交流は何世紀も昔にもどります……二世紀前の大黒屋光太夫から始まって、日本人が生き生きと関心を持ってロシアについて過去を書き、そして現代文学に対しても大きな関心を持っております。その一方で、ロシアの古典文学は日本人に深く理解されております。皆さんは私たちロシアの音楽を愛し、私たちの芸術使節たちをいつも鑑賞下さっています」と。（日本放送協会資料）

6　最初にフランスとスペインを訪れた日本人

支倉常長《はせくらつねなが》（一五七一～一六二二年）は、異文化に対する好奇心があった人物である。太平洋と大西洋を横断した最初の日本人でもある。なお、常長は、六衛門《ろくえもん》、または長経《ながつね》とも呼ばれていた。自ら常長と名乗ったことがない。常長は、今から四〇〇年前の一六一三年に仙台藩の伊達政宗の命を受けて外交使節団、「慶長遣欧使節」としてヨーロッパに渡った。その目的は、以下の三つである。一六一一年の十二月に、二〇一一年の東日本大震災と同規模の「慶長大津波」が仙台藩を襲い、五千名を超える死者がでるという大災害が起きた。時の仙台藩主の伊達政宗は、仙台藩復興のために次の政策を打ち出した。（一）外国との貿易を通し物資の物流方法を開発すること。（二）異文化の技術や、情報、人的交流を促進させ災害復興の基盤をつくる。（三）仙台領内におけるキリスト教の布教容認と引き換えにメキシコなど異文化の国々と直接通商貿易を行い、経済復興を達成する。田中英道によれば、「慶長遣欧使節」は、コロンブス以来初めて、それと相対する方法で東洋から西洋に向かった東洋人の旅行者と言うことができるようだ。

そのために、伊達政宗は、常長が率いる「慶長遣欧使節」をスペイン国王とローマ法王のもとに通商目的のために派遣する。常長は、宣教師のステロ・ソテロらとともに「サン・ファン・バウティスタ」で太平洋を渡った。一行一八〇余人は、メキシコ・アカプルコ経由で九〇日後にスペインに渡る。

慶長遣欧使節団は、スペインのバルセロナからローマに向かう途中、悪天候のためフランスのサントロペに寄港する。フランス滞在は二日間であったが、支倉常長たちが滞在した記録は南フランスのカルパント市立図書館に残っている。記録書には、フランス人が初めてみる日本人の容

図 5-8　支倉六右衛門像（クロード・ドエル画　ローマのボルゲーゼ宮所蔵）

姿、風習、文化の違いに対する驚きや、彼ら一行の習慣などが記載されている。例えば、寝るときには素裸であること、食生活や羽織袴の衣服、金装飾の刀の相違などが記録されている。一六一五年、支倉常長一行はローマに入る。同行した宣教師ソテロらも祝砲とラッパが鳴り響く中の市内をねり歩く。このような盛大な入市式は、重要な使節訪問の際にだけ行われるもので、一五八五年の天正遣欧使節訪問以来の出来事であった。ローマにおいて支倉には貴族の位の「ローマ公民権証書」が授与される。支倉常長一行は法王パウロ五世に謁見し、伊達藩での布教には全面的に協力する」という伊達政宗の親書を奉呈する。一行はローマ公民権を取得する。ただし、ローマ法王は宣教師の派遣には同意するが、通商についてはスペイン国王に一任する。法王と国王にメキシコとの通商許可を申請するが、返答が得られないまま帰路についた。常長はカトリックの洗礼を受けた後、メキシコのアカプルコやマニラを経由し七年後に帰国の途に着くわけであるが、そのときには日本国内ではキリスト教弾圧が始まっていた。ちなみに、使節は一六一六年の九月三十日に再度、メキシコのアカプルコ経由でキューバにも立ち寄りスペインとローマに向かうわけであるが、メキシコ到着前の航海中に、約一〇〇名の水夫が死亡するという災難にみまわれた。常長は、キューバーの地を踏んだ最初の日本人であることも忘れてはならない。彼は、ヨーロッパ大陸との交易を求め遣欧外交使節として伊達藩から送り出されたわけであるが、当初の目的を達成できず帰国二年後の一六二二年七月に失意のうちに病死する。伊達政宗も一六三六年に死去する。

支倉常長や「慶長遣欧使節団」の異文化接触や体験については明治時代になってから、ようやく世間で知られることになる。それは、明治新政府が「慶長欧使節団」から二五〇年が経過した一八七三年に派遣した岩倉具視欧米使節団がイタリアのベネチアを訪問した際、米倉常長の書状を発見した時や、ヨーロッパで常長らが残した事跡などに遭遇した時に、「慶長遣欧使節団」の存在と異文化交流体験談などが知られ注目されることになったからである。

7　スペインのハポン町

ハポン（Xapon）とは「日本」という意味である。その姓を受け継いでいる人たちが、スペインセビリア郊外のコリア・デル・リオに千人近く住んでいる。彼らは支倉長常長一行の子孫だという。常長一行は、この町に滞在したが残留した者もいた。おそらく、残留した使節団の子孫たちであろう。足軽の清八、一助、大助の名前がローマに到着した時には存在しないため、彼等はこの地に留まったと想定できる。

一九九二年七月二十日にはセルビア万博が開催されジャパン・デーも企画された。日本からは皇太子殿下も出席された。会場には一〇〇名からなるハポンさんたちも招かれ、より一層のスペインと日本との友好親善・関係を深める式典となった。慶長遣欧使節団の一行が上陸したグアダルキビル川沿いにはカルロス・デ・メサ公園がある。その公園には、宮城県から送られた支倉常長の銅像が日本の方角を向いて立っている。

ハポン姓の人たちと日本人との関係については、日本のチームがDNA鑑定による研究を行っている。しかし、まだ不明な点も多いという。文化人類学の視点からみて興味深いことが三点ある。一つめが、コリア・デル・リオにおける稲作法が日本と同じであること。二つめにはハポン姓の赤ん坊には日本人特有の蒙古斑が見られること。三つめに慶長遣欧使節団の訪問以前には、ハポン姓が存在していないことである。したがって、ハポン（Xapon）姓の人びとは、日本人の子孫であるとする説が現在でも有力視されている。

8　最初にイタリアを訪れた日本人

最初にイタリアを訪問したのは、天正訪欧使節団である。九州のキリシタン大名、大友、有馬、大村の三侯が、ローマ法王に遣わした日本人使節のことである。発案者はイエズス会の巡察師バリニャーノであった。正使が伊東マンショと千々石ミゲル、副使が原マルチノと中浦ジュリアンたちであった。彼らは、イエズス会の有馬セミナリオ学校の学生たちの中から選抜された。いずれも当時十三〜四歳の少年たちである。使節団は、一五八二年（天正十年）二月に長崎港を出航する。その後、一行は、マカオ、ゴアを経て、喜望峰を廻り二年半後にヨーロッパに到着する。

一五八五年三月にはローマに入り、バチカンでローマ法王グレゴリオ一三世に謁見する。グレゴリオ一三世との謁見は、バチカン宮の「帝王の間」で行われた。使節らは慣例に従い、華々しく迎えられる。イタリアの群衆はこれを見て、目と心とを奪われ、いずれも胸中に感動の湧くのを覚えたりしたという。使節団も「珍しきことを見る驚嘆と、また神の名、ローマ法王への帰服が、かくも遠隔なる地方にまで広まりたるを知る喜びとの混じりたるものなりき」と感想を残している。異国からの訪問者たちは、当時ヨーロッパで大変な評判となり、使節団は行く先々で歓待を受ける。謁見について、同年だけでも四九件となった。

翌年の一五八六年にドイツのアウグスブルクで使節団の肖像版画が発売される。天正少年使節はヨーロッパからの帰路、インド西岸の都市ゴアに立ち寄る。この地で『原マルチノの演説』を印刷した。かつては「黄金のゴア」と評され、一六世紀には南アジアにおけるポルトガルの拠点として栄えたが、一七世紀に入ると伝染病がもとで急速に衰退する。キリシタン大名の大友、大村、有馬の甥たちが、天正少年使節団として、ローマ法王のもとを訪ねたが、その報告書を見ると、キリシタン大名の悪行が世界に及んでいることが証明されている。『われらと同じ日本人がどこへ行ってもたくさん目につく。また子まで首を縄で繋がれて我々を見て、哀れみを訴える眼差しは辛くてならぬ』とダークサイドの報告も残している。当時、日本での奴隷貿易禁止の法令の発布を民衆らが求めており、一五七一年には当時の王セバスティアン一世から日本人貧民の海外売買禁止の勅令を発布させることに成功する。

一五九〇年七月二十一日、使節団は八年五カ月ぶりに長崎に到着する。その長い年月の間に、日本の情勢はすっかり変わっていた。出発前にはキリシタンに理解のある織田信長が生きていたが、日本の統括者は豊臣秀吉が代わって天下を治めていた。しかも秀吉によって、キリシタン禁教令が出ていた。さらに、使節団を支援していた大友宗麟・大村純忠がすでに死去していた。出発する時には、ある意味、日本の未来を背負っての旅路であったが、帰国後は邪魔者扱いになってしまった。しかも禁教令が出ている以上、今のままのキリシタンでは生きていけず、四人の運命も分かれた。まず、伊藤マンショはマカオへと渡り、司祭となり日本へと戻ってくるが、追放に追放が重なり長崎で死去。千々石ミゲルはキリスト教を放棄する。中浦ジュリアンは弾圧を逃れ、活動していたが捕らえられ殉死。原マルティノは追放先のマカオで死去する。時代の流れに翻弄された四人の少年たちが、それぞれ亡くなったときはもう少年ではなかった。しかし彼らの活躍は現在でも語り継がれ、日本だけでなく、もちろんローマにも名前が残っている。

9　最初にタイを訪れた日本人

最初にタイを訪問した日本人は山田長政と言われている。その山田長政に関して、東南アジア研究センター所長の矢野暢は、作為的に偶像化された人物であるという。その理由として、第一にタイの人びとにとっても馴染みがなく名前が知られていないこと。第二に外国の傭兵にはなったが、権力闘争に巻き込まれてゆき、非業の死を遂げたからである。駿河出身の山田長政は、一六一〇年頃にアユタヤ朝時代のタイ（旧名はシャム）に向かった。アユタヤは地理的条件の良い場所で、チャオプラヤー川と数多くの支流を通じてもたらされる内陸部からの物流とタイ湾を通してやってくる東南アジア交易網とが結びつくスポットにあった。この立地条件を生かし、古くから交易が盛んで豊かな土地であった。一七世紀のはじめまでには、アユタヤには各国から多くの外国人たちがやってきて外国人町を作った。日本人たちも自分たちの「日本人町」を作った。この日本人町には、一時期一五〇〇人が住んでいたこともある。長政の活躍した頃には商人以外に、キリシタン・関ヶ原の戦や大坂落城後に亡命した浪人のサムライたちも多くやって来ていたと言われている。

図 5-9　明治 21 年に描かれた山田長政の肖像（静岡浅間神社所蔵）

長政は商才があったため、貿易活動に従事するうちに頭角をあらわす。それを武器に、アユタヤのみならず、マラッカやバダビア（インドネシア）など東南アジアを股に掛ける大仲買商人として活躍する。一六二一年にアユタヤ使節団が来日した際には、同行させた部下を通して時の老中であった土井利勝などに親書を送るなど、ミディエーターとして仲介役をつとめた。その後も日本の有力者に贈り物や書状を送り、日本とアユタヤの修好と交流につとめた。

やがて、長政は日本人町の中心的人物となり、ルアンというアユタヤの官位を授かる。その後、長政はタイの日本人義勇隊の隊長として、義勇隊を率いて参戦する。その功績を国王ソンタムに認められ、一六二八年には、タイの最高官位であるオークヤーに任じられ、セナーピムックという名を授かった。

だが、ソンタム国王は、長政がアユタヤの権力争いに影響力を及ぼすようになったことについて警戒心を持つようになり、長政をアユタヤからはるか遠いアユタヤの宗主権下にあったリゴール王国（現在のナコーン・シータマラート）の王に任命する。しかし、それも長くは続かず、長政はパタニー軍との戦闘中に負傷し、それが原因で死去したといわれている。日本人義勇隊は、王の命を受けたシャム軍によって攻撃され、日本人町は焼きうちされることになる。この時多くの日本人が死に、生き残った者も海外に難を逃れ、日本人町は廃墟と化する。しかし、二年後の一六三二年、日本人町は再建され、人口も一時は三〇〇~四〇〇人までとなる。日本の鎖国政策の影響もあり、以後、日本人の勢力は衰え、一八世紀の初めにはアユタヤの日本人町は衰退してゆく。

10　日本最初の女子留学生

次に異文化漂流民としてではなく、異文化の狭間に身をおき、道なきところに道をつけ、文化間の架け橋を目指した異文化ミディエーターを取り上げたい。その人物とは津田梅子である。津田梅子は、わが国の女子教育のパイオニアとして、その発展に貢献した人物である。以下では、梅子が経験した異文化ショックと帰国後の文化ショック（Reverse Culture Shock）並びに梅子が体感した文化変容、加えて女子教育の先駆者としての社会的貢献について探求してみたい。

11　異文化教育の女性パイオニア〝津田梅子〟

一八七二年、明治政府の命を受け親元を離れアメリカに渡った少女がいた。その名は津田梅子。日本最初の女子留学生であった。津田梅子は一八六四年十二月三日に父、津田仙と母、初子の間に二女として生まれた。それから四年後には明治維新大改革の時代の幕開けとなる。梅子は満七歳という幼さで、日本最初の五名の女子留学生の一人として、岩倉使節団に加わり渡米する。当時、貧しかった日本は国費の一部をさいて、五名の女性をアメリカへ送った。一大事業の一つでもあった。彼女たちをアメリカに送り教育する案の立役者は北海道開拓使長官の黒田清隆であった。しかも送った理由は黒田の個人的な思いつきであった。梅子の在外期間は、二度の留学を含むと合計一六年半にも及ぶ。梅子の六四年八カ月の生涯の四分の一を占めることになる。梅子は日記をしるしたが、残されたものはわずかに過ぎない。梅子をアメリカに送った父親の仙は若い頃から開国論者であり蘭学以外に英語を学んだことのある人物であった。父の仙は、北海道開拓使の嘱託となり、黒田が企画した女子留学生に梅子を応募させる。岩倉使節団は、十一月に横浜を出港し、サンフランシスコ、ユタ、大草原のワイオミング、中西部のネブラスカ、アイオワ州などを経て同年十二月にワシントンD・Cへ到着。渡米直後一八七二年に梅子はワシントン郊外のジョージタウンにある日本弁務館書記で画家のチャールズ・ランマン夫妻の家に預けられる。留学生はワシントン市内に住まわされ、十月には二人が帰国する。残ったのは、梅子、山川捨松、永井繁子の三名であった。この三名は生涯の友となり、後に梅子が「女子英学塾」（現在の津田塾大学）を設立する際に協力し支援する。梅子はその後もランマン家に預けられ、十数年を過ごすことになる。

12　七歳からの修学と異文化ショック

梅子の修学についてであるが、まず市内のコレジエト・インスティテュートへ通い、英語、ピアノなどもを学び始める。この学校は校長の名前がスティブンスンであった関係で、スティブンスン・アカデミーとも呼ばれていた。梅子は、当初両親へは候文《そうろうぶん》で手紙を書いていた。その後、英文で手紙を書くようになる。この頃にはキリスト教への信仰も芽生え一八八一年にはフィラデルフィアの独立教会で洗礼を受ける。梅子が九歳の時、英語の朗読コンテストがあり、七二行の英詩を間違えることなく朗読し、賞を受賞する。また、梅子は「行儀の良さ」の賞も受賞する。が、当時の新聞記事は、梅子の「行儀の良さは、生まれや育ちによるものだから、賞を出すのは変だと思う」と感想を述べている。梅子によれば「人は生まれながらや育ちではなく、その人の努力によって、評価されるべきだ」と述べている。これは、アメリカが建国以来掲げていた理想とした考え方であった。当時の現地の新聞記事は、「この少女は、日本人の精神の中にアメリカ人の要素を合わせもっている」と評している。

図 5-10　梅子７歳頃
（出典：*The White Plum*）

一八七八年にはコレジエト校を卒業し、私立女学校のアーチャー・インスティテュートに進学し、鉄道馬車で通学する。ここでは、ラテン語、フランス語などの語学や英文学はむろん、心理学、天文学、自然科学や心理学、芸術なども修学し、一八八二年の七月に卒業する。アーチャー・インスティテュートで受けた証明書には次のような一節が残っている。

「ミス・ツダはラテン語、数学、物理学、天文学、フランス語に抜群の成績を示した。彼女は学んだ学科のすべてにおいて、透徹した理解力をあらわした」

梅子はアメリカ滞在中、勉強ばかりではなくテニスなどのスポーツや芸術を学び、仔羊のように活発だった。ランマン夫妻に連れ添われて休暇には各地を旅行している。同年、十一月に日本へ帰国する。十一年にもおよぶアメリカ生活は、またたくまに過ぎ梅子は帰国する。一八八二年の秋、帰国の途に着く西海岸行の船に乗って書いた日記には、梅子のシンボリックな旅立ちの想いが寄せられている。

「港が近づくにつれ、本当にアメリカを離れることを実感します。明日は何とか明るく晴れた日であってほしいと思います。アメリカが最も輝いている姿をこの目に焼きつけておきたいのです」

また、横浜に向かう船の乗客は、梅子のことをまるでアメリカ人と思っている。しかし、梅子は「しかし、私は心の中で日本人であり、日本を愛し、誇りを抱いています。日本は何が起ころうとも私の国なのです」。

サンフランシスコ出航の船が横浜港に錨を下ろす直前十一月十九日には、アメリカ留学を終え約十一年ぶりに足を踏み入れる前に次の文面の手紙を残している。

「あんなに夢みていたものが、あれこれ想像していたことが、今、目の前にやってくる。船に乗ったときは、三週間は遠いはるかなことに思えましたのに、ゆっくりとやって来て、そして今近づいてくるもの。興奮のあまりビートみたいに、真っ赤になっている私の顔をご想像下さい。明日、私の人生の新しいページがむかえられます。どうか、素晴らしいものでありますように」

梅子はまもなく十八歳になろうとしていた。

十一月二十一日、梅子は、祖国日本の姿を目にする。この時、日本で女性のための学校を創るという夢が宿っていた。梅子が日本に帰国した一八八二年十一月下旬、自分の幼い妻に似た年頃の五人の少女たちを海外に送った黒田清隆を訪ねている。訪ねた理由は、北海道庁官有物払い下げをめぐって大隈重信、伊藤博文、福沢諭吉、岩崎弥太郎、井上馨などの間で政争のあった翌年であった。

13　帰国後の梅子の文化ショック

梅子は、帰国したものの、伝統的しきたりを重んずる日本においては女子留学生の活躍できる職業分野は乏しく、帰国後の文化ショックを経験する（これを「再文化ショック」ともいう）。梅子とともにアメリカ留学した捨松と永井繁子は、軍人に嫁いだ。ここでは、日本帰国後に梅子が経験した文化ショックを紹介してみたい。梅子のアメリカ滞在期間が十一年にも及んだ結果、通訳が必要になったことである。また、日本の風習や文化価値感にも不慣れであったため、心理的葛藤が多かった。

「ああ言葉だけがもっと簡単に取り戻せたら……私は手も足も縛られて、その上耳も聞こえず、口も利けないのです」「父は何か教科書を買ってくれると言いますがまだ実現していません……日本語には同じ内容でも六つも七つも言い方があるのに、それを一度に覚えるなんて全く混乱してしまいます。どこへ行くにも通訳が必要で、散歩も買い物も、訪問も人力車に乗るのさえ、一人ではままなりません」

梅子は帰国後、一週間にして次第にいら立ち、不安と絶望に襲われ始める。梅子は再文化ショックで新しい感じ方、物の見方や捉え方、それに新たな経験によって、急に自分を年とらせたと思うようになったという。梅子は日本の生活と日本語を学ぶのに苦労し、将来の仕事について悩み、そして見るものに聞くものに胸を痛め、憤慨し、絶望しては気をとり直して夢見ていた。日本では、カップルの双方を招き合う習慣がないのにも驚いたりしている。

梅子は帰国後、好奇な目で人から見られるようになる。十七歳で帰国するわけだが、当時の日本では、十七歳といえば女性が結婚する適齢期とされていた。梅子は周囲から結婚を勧められたが、女性のための学校を創る夢は捨てなかった。当時、男子留学生たちには就職先があったが、明治政府は梅子の就職先を考えていなかった。

梅子が十一月十六日にアメリカの母親ともいえるライマン夫人に宛てた手紙には、次のような箇所がある。「私は、しょっちゅう、ゆう鬱になってアメリカなんかには、行かない方が良かったと思うことがある。私の受けた教育は日本では誰の役にも立っていない」。梅子の悩みをよそに、日本は表面の形ばかりの西洋化を押し進める。「鹿鳴館」が開館するにあたり、英語も話せドレスも着こなせる梅子は、皆の注目の的になる。しかし、梅子はこうした日本の西洋化に疑問を持つようになる。「（鹿鳴館の）彼らは西洋人を真似過ぎて笑いものになろうとしています。自分の国の良いところも悪いところも投げ捨てようと

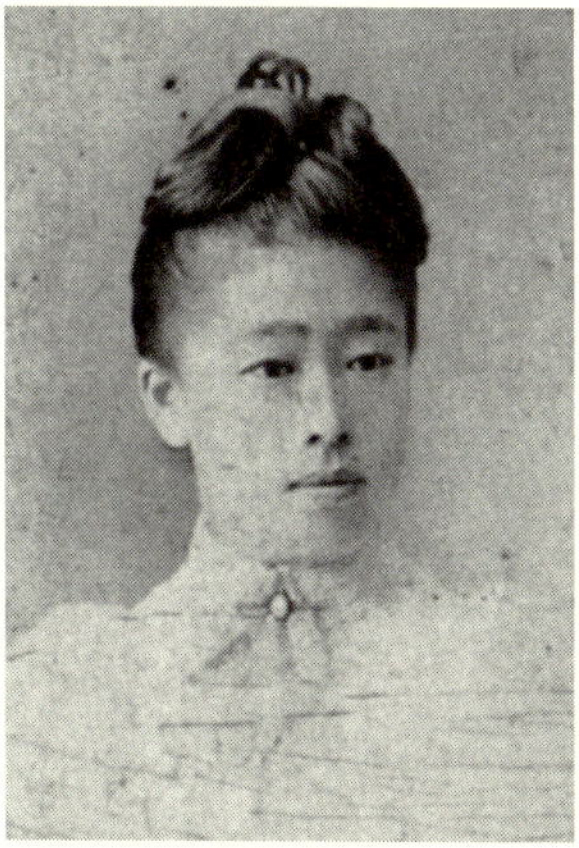

図 5-11　帰国後の梅子
（出典：*The White Plum*）

しているのです」と批判している。

梅子は帰国後、伊藤（博文）家への英語指導や通訳のため雇われて生活する。一八八五年には伊藤に推薦され、学習院女学部から独立して設立された華族女学校に英語教師として勤めた。しかし、三年余り教えたが、敷居の高いハイ・ソサエティの気風にはついに馴染めなかった。

梅子は一八八九年二十四歳で、勤めていた華族女学院を休職し、再度アメリカのフィラデルフィアにある、ブリンマー大学で進化論や生物学を専攻する。蛙の発生や生物学に関する論文を発表し、イギリスの科学誌に紹介される。教授法についての研究は、オズエゴー師範学校で行う。梅子に留学を勧めたアリス・ベーコンは日本の慣習や習慣風俗に関心を持っており、日本女性に関する研究をしていた。ベーコンがアメリカへ帰国し、研究を出版（『日本の女性』）する際には手助けをしている。これは梅子が日本の女性教育に関心を持つきっかけになったとも言われており、留学を一年延長すると、日本の女性留学生のための奨学金の設立を発起し、公演や募金活動などを行う。

一八九六年の八月に梅子は国際婦人会議出席のためアメリカ・コロラド州に向かった。アメリカ滞在中にヘレン・ケラーと会見した。また、イギリスにも足を延ばした際、熱望していた赤十字の母と称されたフロレンス・ナイチンゲールと面会する機会がもてた。梅子はナイチンゲールに対する印象は、容姿はとうてい八十歳の老婦人とは思えないという感想を持った。「輝く目をした婦人でした。目は活気と知性に満ち、顔はあまり老いておらす、しわも少なく、昔の美しさが伺える顔でした」。

ナイチンゲールとは、一八八五年に西欧で始まった看護教育の日本導入などについて語り合った。ナイチンゲールは、梅子に対して、「優れた看護婦は、優れた女性でなければならないこと」また「男性としても、女性としても自分の力で生きてゆく必要があり、それは、健全な勤労の精神でもたらされるものである」と語った。

14　日本初の女子英学塾開校を目指して

アメリカの大学から研究を続けることを薦められるが、一八九二年八月に二度目のアメリカ留学から帰国。再び華族女学校に勤める。自宅では学生を預かるなど積極的に援助を行い、一八九四年には明治女学院などでも講師を務める。

ベーコンはじめ大山、瓜生、桜井彦一郎らの協力者の助けを得て、一九〇〇年九月十四日、入学試験に合格した一〇名の女子入学者を迎え「開校式」が行われ麹町区に日本初の「女子英学塾」（現在の津田塾大学）が誕生する。梅子は初代塾長として、式辞を日本語で述べた。梅子の式辞の後に、他の女学校や華族女学院などの形式にならい、君が代を歌って簡素な式典が終わった。ただ、梅子は塾においては、普通形式の授業の中に讃美歌や聖書、祈祷なども含めた。特筆すべき点は、梅子は華族・平民の区別のない女子教育を志向して、一般女子の教育を始めたことである。

塾といっても一軒家を借りきった建物であり、建坪は八三坪であった。決まった教室や講堂もなかった。教室には六畳二室、一つは食堂と兼用、一つはアリス・ベーコンの居間と兼用であった。講堂として一〇畳の客間が使用された。学生の通学控室は玄関脇の四畳半を利用し、陽当たりの良い一〇畳は寄宿生の部屋となった。梅子は二階の八畳を自分の居室にあてた。家賃は五〇円で、当時としては高かった。そのため、梅子は家賃の分は上野栄三郎という人物から五〇〇円を借り入れたという。伊藤博文などは、梅子に支援の手を差し伸べた。

梅子は日本の未来の新しい女子教育の実際的な指導的立場で、自分の夢を実現するためには、自分の受けた教育だけでは不十分であると思い始めた。また、官立（国公立）の学校教育には国家としての方針があり、その方針は必ずしも自分が想像し、夢みるものとは異なることを発見する。そして、いずれ自分自身の私学を創設したいと切実に考えるようになる。単に英文学や教養を教えるのでなく、女性が自立するための技能なども習得させ、社会貢献できる人材育成を目指した。

女子英学塾設立にあたって、梅子は次のメッセージを残している。

「ふしぎな運命で、わたくしは幼いころ米国に参りました。帰朝したならば――これという才能はありませんが――日本の女子教育に尽くしたい、自分の学んだものを日本の婦人にもわかちたいという考えで帰りました。今日と違って、第一働く学校もなく、いままで学んだ知識を実際に応用する機会もありませんでした」「この（塾設立）目的を仕遂げるために、ふつつかながら、わたくしは全力を注ぎ、最善を尽くしたいと存じます。最後に二〜三の注意を申します。専門の学問を学びますと、とかく考えが狭くなるような傾きがあります。一つのことに集中すると他のことがらは、忘れがちになるものです。英語を専門に研究しようと努力するにつけても、まったき婦人となるに必要なことがらを、おろそかにしてはなりません。円満な婦人、すなわち all round woman となることを心掛けねばなりません」

梅子の性格はストレートで周りの人びとをひきつけた。が、決して男勝りな性格ではなかった。愛国心の強い日本女性であった。梅子の胸中には、塾を男子の通う官立大学（今の国公立）に匹敵するだけの女子大学にしたいという強い願いがあった。ただ、梅子には懸念があった。一九二九年の『英語青年』津田梅子追悼号の中では、こう述べたと記載されている。懸念は、「大学の名にあこがれて、即ち、実力よりも名を望んで来る者が多くなる――これが一つの懸念。また大学にするなら、真の大学――官立大学のやうな大学にしたいというのが願ひであった……名ばかりの専門学校というのではご免だ」。

また、梅子は学力だけでは、多くの人を引きつけることができないことも知っていた。梅子は知性と温かさ、それにユーモアもあった人物である。このような気質の持ち主であったからこそ、梅子はアメリカ留学中に友人にも恵まれ、アメリカの慣習や風土に馴染めたようだ。また梅子の文章もウィットとユーモアがあり、ストレートなようで含みがあったという。

第六章　トランス・ナショナル時代の交流

1　ライシャワーのグローバリゼーションのヒント

歴史学者のエドウィン・ライシャワーによれば、グローバリゼーションの未来について述べるとき、忘れてはならないものが三点あるという。第一点は人物であるという。忘れてはならない人物とは次の二人である。一人は、グローバリゼーションを初めてた達成したアレキサンダー大王のことである。大王は紀元前三二七年に遠方の英国とは全く異なる文化圏であるインドに進出し、インド文化を体感し吸収した人物だという。二人目は、グローバルに国境を超え世界の文学とドラマ分野に影響を与え、人間と人間の関係、人間の深層心理や性《さが》などを探究し、「人間とは何か?」を発見させてくれたウイリアム・シェイクスピアであると指摘する。

第二として忘れてはいけないものに国家があるという。政治の統制面においてグローバリゼーションを押し進めたのはローマ帝国であるという。ローマ人の取った戦略とは、ローマが制服し

図6-1　エドウィン・ライシャワー

た先々の優れた異文化のバックグランドを持つ人材を偏見なく大いに採用したことである。これに加えて、征服した先々で自分たちの宗教を強制しなかったことである。グローバリゼーションについて、このようなローマ人の人材活用とマネジメントがこれからのグローバリゼーションを考えるうえでヒントになるという。第三に、グローバリゼーションの大きな環境変化を見据え、パラドックスも忘れてはならないという。

　グローバリゼーションは、人びとに多様なパラドックスと矛盾を突きつける。その一つが、グローバル化に伴う「部族主義」の台頭だという。自国家ファースト主義に近い。一方では、グローバリゼーションは、世界を平ら（flat）にすると考えられている。フラットな国境なき「ボーダレス・ソサエティ」である。問題は、国境や国民性があいまいになれば、人びとは自分たちは何者か？　という疑問、すなわち、アイデンティティ・クライシスに陥る。こうして人びとは、自分という存在を明確にするために、自分のルーツや生きがいのよりどころを探し求め始める。その場合、人間は心理的に自らの地域やコミュニティに属したいという気持ちが強くなる。その結果、地域やコミュニティを強化し「部族」との絆や関係を強めようとする。これが「部族主義」と呼ばれるものである。最後に、忘れてならないことは、グローバリゼーションは、他にも矛盾を生み出すことである。企業を例にとってみよう。グローバル化によって、企業は自分たちにとって有利で賃金の安い場所や地域で製品を製造し、それを世界中で売りさばこうとする。アパレル産業などがよい例である。その結果、製造業は海外に移転し、国内の製造業の空洞化が進む。これもパラドックスの一つである。

特に近年、新興国（中国、ロシア、ブラジル、インドや南アフリカ共和国などＢＲＩＣＳと呼ばれる国々）は目ざましい発展をとげている。中国の躍進は、驚異的であった。それを象徴的に示しているのが、中国企業による日本企業やアメリカ企業の買収である。これなどもグローバリゼーションの一面である。しかし、中国企業に買収された企業が、いきなり中国流のビジネス慣習でビジネスをスタートすれば、多くの従業員や消費者から反感を買うことになる。これらが、「異文化コミュニケーション摩擦」と呼ばれるものである。したがって、グローバリゼーションは、わたしたちの身近な日常の生活においても多くの摩擦や紛争や社会不安を生じさせることがある。また、共産党の一党独裁下の中国では、政治によってすべてが決まり、財産権も保障されていない。そのため、もめごとがたえない。二〇一六年ごろから中国に工場を持つ多くの日本の企業は、工場従業員の賃金が高いため、ベトナムやミャンマーなどの親日派の国々に工場を移転し始めている。

2 ライシャワーのグロバリゼーションへの提言

ライシャワーは、社会の不安解消という人びとのニーズに対応するためには、グロバリゼーションに対する次の戦略が必要だと指摘する。

(一) 異文化理解、異文化のマーケティング(市場)の調査、各文化のシステムや、相手の文化価値や信条、伝統、それに発想法やタブー、交渉・コミュニケーション・スタイル等の情報収集が必要だと提言する。つまり、相手の異文化の人びとの視点に立って、課題や異文化摩擦の原因を見つけ出し、課題をクリアにしたり、争点を処理したりし、問題(紛争)の解決を図ることが必要であると説いている。(二) この社会的不安を解消するために、企業(他の組織も)などがコミュニティにおける人びととの関係やつながり、絆などをうながしたりして地域社会に対しての責任を果たす取り決めをしたりすること。(三) 例えば、大手アパレルメーカーのNIKE(ナイキ)が試みたように、企業が社会問題を直視し社会的大義(コーズ)を明確にし、世界や異文化が抱えている諸問題に対して紛争処理や解決を目指す活動、すなわち「社会的責任マーケティング」を展開することが必要である。NIKEは、マリア・アイテル女性副社長を中心に、他国のインドネシアなどの工場で起こった子どもの労働問題「チャイルド・レーバー」や「賃金・労使問題」、「従業員の健康管理の問題」について社内で資金を投じNPOを立ち上げ、これらの問題に対して真摯に解決策に取り組んだ。ライシャワーは、他の企業やNPOもNIKEのように、顧客をも巻き込んで社会的責任を果たし、社会を少しでも良くしようという取り組みをすることを薦める。企業が取り上げる社会的大義（コーズ）にはいろいろな種類がある。これについて、ライシャワーは一つの経営的理論を紹介する。「顧客や消費者の八五％は、社会的責任を果たす商品をそうでない商品より好んでいること。七〇％がそうした商品にはプラス・アルファの追加金を払う用意があること。加えて、五五％の消費者がそうした商品を家族、友人や知人にも紹介したいと思っていること」を知っておくこと。（四）「異文化マーケティング」を活用すること。「異文化マーケティング」とは、例えば、ある企業が文化を超えた貧困撲滅運動や地球温暖化問題などに取り組む市場戦略のことである。一例としてマイクロソフトのビル・ゲイツなどがリンダ夫人と立ち上げた世界最大の慈善基金財団を想起していただきたい。通称「ビル＆メリンダ・ゲイツ財団」は、異文化の世界におけるマラリアなどの病気や貧困撲滅運動への挑戦が主なゴールである。ちなみに、二〇〇六年には投資家のウォーレン・バフェットが三〇〇〇億ドルの寄付によって規模が拡大した。また、アフリカ諸国内では教育や技術に接し技能が習得できる「異文化マーケティング」活動も展開している。

あとがき

大航海時代以降、世界の一体化、すなわち、グローバリゼーションが進み、それまで独自に展開してきた諸文明や各文化を一つの歴史に組み込むようになり、新たな世界史が始まっていたのである。本書を通して、グローバルな経済マーケット（市場）も異文化間の人びとの交易の交渉によって出現することが判明した。

大航海時代前後のグローバリゼーションを探ることによって、造船や航海術の進歩は、海洋アジアの人びとやヨーロッパの人びとが地球規模で海洋に出かけ、異文化の商人たちと接触し、交流し多様な関係を確立することを可能にしたことも確認できた。遠距離のコミュニケーションには、数カ月、一年以上といった相当な時間を要したことも確かである。今の時代は、ファックスではなく電子メールなどがグローバリゼーションの重要な手段となっているが、大航海時代では、多くの場合、交易活動が想像もできないほどの距離に及ぶ文化的横断的な取引、長距離移動してゆく人びとの意思、手紙や書簡の交換に依存していたのである。ちなみに、マルコ・ポーロがイタリアのベネチアを出発してから中国の長安にたどりつくまで三年もかかっている。気の遠くなる話である。

世界を股にかけた冒険家や商人たちは、みずからローカルな地元をより大きな相互結合や相互依存の関係に組み込んだ。グローバリゼーションは、人びとが行動し、相互に交流することによって可能になるのである。たとえば、アメリカ大陸でスペイン人が現地の異文化の人びとからココア、チョコレートやタバコの使用法を学び、本国に持ち帰ったが、その嗜好が確立し、その使用法がやがて、中東、インド、アフリカ、ヨーロッパ、そして日本へと拡大することも分かった。ココア、チョコレートやタバコの消費は、文化伝播と文化融合というプロセスを通して世界中のグローバルな市場へ拡大することになる。例えば、新しい産物が海のかなたから到来した際、ヨーロッパならヨーロッパ社会や文化の産物と複合され、それらが変容し近代ヨーロッパが生まれたのである。エドウィン・ライシャワーも十五世紀から十八世紀にかけてアメリカという新世界に、旧世界のアジアからもたらされた未知なる産物が異文化の一般の人びととの日常生活に入り込むことによって、物質面におけるライフ・スタイルが徐々に変化してゆく様を、ある講演で語ったことがある。つまり、これらの文化融合の例は、現代においてもグローバリゼーションのパラダイムとして捉《とら》えることができるということである。たとえば、アメリカは一九六〇年代ごろまでは「車社会」と、なぞらえられていたが、グローバル化によって、今では、世界中の先進国が「車社会文化」へと変容していることを想起して頂きたい。ちなみに、ライシャワーの持論は、「歴史を学ばずして今を知ることはできず、今を知らずして未来を考えることはできない」

であった。

強調しておきたい点は、人びとの生活をより活性化させるために、「グローバリゼーション」という言葉に元来含まれる「ヒト、モノ、カネ、情報の円滑な流動性」を確保することが不可欠と言える。

今、世界の経済の中心が欧米から海洋アジアに移りつつあり、近代西欧文明もいき詰まっており、五〇〇年に一度のパラダイムシフトが起ころうとしている。

この地域で注目されているのは、近年「インド太平洋」という言葉が重要な意味を持つようになっていることである。オーストラリア政府は、二〇一二年にこれを外交の中心理念とした。「インド太平洋」とは、太平洋から東南アジアを抜けてインド洋に向かう広大な海洋の地域でもあり、日本やハワイを含む北アメリカと南アメリカにとっても重要なスペース（空間）のことである。また、この地域では民主国家である日本、アメリカ、オーストラリア、インドの戦略的な連携が重要である。

日・米・豪・印の連携コンソーシアムは、中国の南シナ海を含む地域における軍事力強化と人工島の増設や軍事基地・施設の狙い、加えて経済ベルトの「一帯一路」政策の地政学的な意味合いを少しでも中和したい考えである。

経済報道の専門紙の日本経済新聞は、二〇一八年四月二十七日にシンガポールで開催されたASEAN会議においても、南シナ海で地域における中国のインフラ投資、人工島埋め立てや軍事拠点化に関して、信用と信頼を失い緊張を高め、平和を脅かしかねないとの指摘が多数の参加国からあったことを伝えた（『「南シナ海懸念」ASEAN首脳会議声明、中国けん制』）。

特に中国のインフラ投資は、ほとんどがヒモつきであり、途上国が借款《しゃっかん》を返せない場合、苛烈な要求が待っているという問題がある。例えば、国土や統治権限の一部が実際に、借款の抵当となり、軍事基地の建設などを通し、同盟関係の締結さえ強要されるのである。ちなみに、そのためアメリカ政府は、昨年十月に設置した米国開発金融公社（USIDFC）を通し海外開発インフラ支援策を打ち出した。借金漬けで苦しむインド太平洋諸国に対し、低金利の支援（六・八兆円＝六〇〇億ドル）を行うことを明らかにした。また、日本は、十一月十七日APECパプアニューギニアCOE（最高責任者）サミットで、エネルギー分野のインフラ整備に官民で一〇〇億ドルの支援を用意すると発表。

また会議では、世界の貿易については、米中対立などを念頭に保護主義と反グローバリズムの台頭を懸念し、そのうえで「多国間の自由貿易体制と開かれた地域主義の原則を支持するとし、日本やASEANを含む十六カ国が東アジア地域の包括的経済連携であるアールセップ（RCEP）を目指す」ことなども提唱された。その結果、中国は「米中貿易戦争」を回避するため、二〇一八年以後は、輸入関税の引き下げや外資参入規制を緩和し開放政策を掲げるであろう。その背景には、トランプ政権からの交渉要求に一定程度応じ、アメリカから譲歩を引き出すねらいがあるからだ。

次にアジア太平洋地域では、北朝鮮の動向などを見ても分かるが流動的な動きや側面が多い。今後、世界も注目するのが、朝鮮半島における非核化に向けた米朝交渉と安定化である。ただし、二〇一八年六月十二日にトランプ大統領と金正恩朝鮮労働党委員長による史上初の米朝会談がシンガポールで行われた。しかし、「完全かつ検証可能で不可逆的な非核化」への道筋は描かれなかった。今後は「対話のための対話」ではなく、アジア太平洋地域の緊張緩和に向けた問題解決型の交渉が急務である。アジア太平洋地域の安定と世界平和のために。

特にグローバリゼーションが進み、それに対して保護主義的な考え方や思想、言動が目立ってきている昨今、異文化間コミュニケーションや異文化交流史、それに交渉学は、これからの世界を読み取り、平和につなげるための鍵を握っていると言えよう。これからの時代の潮流、ベクトルが再び海洋アジアへと動き出している。

グローバリゼーションの時代に自ら貢献する異文化間の架け橋であるミディエーターを含んだ人材の育成が必要だ。なぜならば、文化間の風通しを良くし、道なきところに道をつけ、異文化間の橋渡しができるミディエーターたちは、国際的相互依存の大切さや、異なった価値観をもった人たちと共存することの楽しさや、難しさ、それに異文化理解の「必要性」を自文化のみならず、異文化の人たちにも伝えることができるからである。そうして生まれた異文化や世界との絆が人類の幸福と平和に結びつくことを忘れてはならない。

最後に本書の出版にあっては、明石書店の大江道雅社長と李晋煥氏を含む関係者各位に大変お世話になった。この場をかりて厚く感謝申し上げたい。編集にあたっては、小林一郎氏に感謝の意を表したい。

また、ハワイ日米協会元会長のサル・三輪（Sal Miwa）氏、並びにハワイにおける現地調査とフィールドワーク、それにインタビューに関して、レニー・ヤジマ（Lenny Yajima）さんと、お母様のリリアン・矢島（Lilian Yajima）さんに多大なる協力と配慮をいただいた。我々の共同研究者でもありペリー提督の姪孫《てっそん》で甥の子にあたるマシュー・カルブレイス・ペリー博士にも日米関係の資料に関してお世話になった。心より厚く御礼申し上げたい。

二〇一八年　秋

【参考文献】

Bennt, Alan W. & Bonnie Bealerk. (2001) *The World of Caffeine*, London: Routledge.

Chaudfuri, K.N. (1985) *Trade and Civilization in the Indian Ocean*, N. Y.: Cambridge Univeristy.

Furuki, Yoshiko (1991) *The White Plum: A Biography of Ume Tsuda*, N. Y.: Weatherhill.

Glyndwr, Williams (1997) *Captain Cook's Voyages: 1768-1779*, London: The Folio Society.

Hildreth, Richard (1855) *Japan As It Was and Is*, Phillips, Sampson & Co.MA: Boston.

Hunt, Lynn (2014) *Writing History in the Global Era*, N.Y.: W.W.Norton & Company.

Israel, Jonathan (1989) *Dutch Primacy in the World Trade 1585-1740*, Oxford University Press.

Joliffe, Lee (2010) *Coffee Culture, Destinations and Tourism*, Bristol,U. K., View Publications.

Luard, Evan (1990) *The Globalization of Politics: The Changed Focus of Political Action in the Modern World*, N.Y.: Palgrave Macmillan.

MacCullon, Diarmaid (2004) *The Reformation: A History*, Penguin Books on Queen Elizabeth.

Murdoch, James Editor. & Heco Joseph, (1850) *The Narrative of a Japanese Vol.1*, Tokyo: The Yokohama Printing & Publishing Co.Ltd.

Nicholas, Thomas (2003) *The Extraordinary Voyages of Captain James Cook*, N.Y.: Walker & Co.

Norton, Marcy (2010) *A History of Tabacco and Chocolate in the Atlantic World*, Ithaka, N.Y.: Cornel University Press.

Ohmori, Jim, Higashida. M, & Taya, A. (2008) *Global Drifter's: The Lives of Japanese Sailors Forbidden to Return Home*, Otokichi Association.

Panikkah, K.M., (1953) *Asia and the Western World*, N.Y.: George Allen & Unwin.

Parry, J.H. (1961) *The Establishment of European Hegemony*, N.Y.: Harper & Row.

Perry, Matthew G. (2014) “Commordore Matthew C.Perry: Diplomat & Sailor”, Document & Memorandum delivered at the 9th Macmillan. International Symposium of America-Japan Societies in Sapporo, Hokkaido.

Pamuk, Steven (2000) *A Monetary History of the Ottoman Empire & Culture*, Cambrige University Press.

Reischauer, Edwin O. (1961) *JAPAN Past and Present*, Tokyo: Charles E.Tuttle.

Reischauer, Edwin O. (1964) “ A New Look at Modern History”, *The Asahi Journal Magazine*, June 10.

Reischauer, Edwin O. (1970) *The Story of a Nation*. N.Y.: Alfred A. Knopf.

Reischauer, Edwin O. (1973) *Toward the 21st Century: Education for a Changing World*. N.Y.: Alfred A. Knopf.

Smith, Adam (1937) *The Wealth of Nations*, N.Y.: The Modern Library.

Smith, Lawlence Williams G. &Topik, Steven (eds), (2003) *The Global Coffee Economy in Africa, Asia and Latin America*, N.Y.: Cambrige University Press.

Strachey, Lytton (2002) *Queen Victoria*, N. Y.: Marriner Books.

Strong, Roy (2000) *The Spirit of Britain, A Narrative History of Art on the Globe and the Queen Elizabeth*, England Pimlico.

The Joseph Heco Society of Hawaii & the Japanese Culture Center of Hawaii (1995) *Humanity Above Nation: the Impact of Manjiro and Heco on America and Japan*, Honolulu, Hawaii.

Tilly, Charles (1975) *In the Formation of National State in Western Europe*, N.J.: Princeton University.

Topik, Steven (1996) *Trade and Gunboats in the United States and Brazil in the Age of Empire*, Stanford University Press.

Topik, Steven (2006) *The World That Trade Created*, N.Y.: M.E. Sharp.

Tracy, James D. (ed.) (1990) *The Rise of Merchant Empire*, N.Y.: Cambridge University.

逢坂剛「スペイン点描」(『読売新聞』一九九二年七月六日)

浅沼、ディビッド「講演『ハワイの歴史』Aloha Program」(二〇一七年八月二十四日、北海道新聞社)

ブローテル、F(浜名優美訳)『地中海』(藤原書店、一九九一年)

ボニトン、クリス『海洋冒険物語』（岩波書店、一九九二年）
近盛晴嘉『ジョセフ・ヒコ』（吉川弘文館、一九六五年）
エリオット、ジョン・H（越智武臣・川北稔訳）『旧世界と新世界』（岩波書店、二〇〇五年）
『英語青年――津田梅子追悼号』一九二九年一一号
ガワー、ジョージ筆「図鑑　エリザベス女王・アルマダ・ポートレート（ベドフォード公爵コレクション）地球儀とエリザベス女王――フロリダ半島とメキシコ湾を手中に」
ハッタ、カヨ・マタノ監督『ピクチャーブライド』（キネマ旬報社、一九九五年）
生田滋・岡倉登志編『ヨーロッパ世界の拡張』（世界思想社、二〇〇一年）
井伏鱒二『漂民宇三郎』（講談社、一九九〇年）
川勝平太「経済教室――南北軸の海洋連邦を形成」（『日本経済新聞』一九九九年十月四日）
川勝平太『文明の海洋史観』（中央公論社、一九九六年）
片山栄『茶の世界史』（中公新書、一九八〇年）
古賀登『歴史公論ブックス――シルクロードと日本』（雄山閣出版、一九九六年）
古木宣志子『津田梅子』（清水書院、一九九二年）
マクリン、フランク（日暮雅通訳）『キャプテン・クック　世紀の大航海者』（東洋書林、二〇一三年）
増田義郎『マゼラン』（原書房、一九九三年）
御手洗昭治『サムライ異文化交渉史』（ゆまに書房、二〇〇四年）
御手洗昭治編著／小笠原はるの・ファビオ・ランベッリ著「グローバル化とその種類」『多文化交流時代への挑戦』（ゆまに書房、二〇一一年）
御手洗昭治編著・小笠原はるの『ケネディの言葉――名言から学ぶ指導者の条件』（東洋経済新報社、二〇一四年）
御手洗昭治編著・小笠原はるの『ライシャワーの名言に学ぶ異文化理解』（ゆまに書房、二〇一六年）
御手洗昭治『ハーバード流交渉術――世界基準の考え方・伝え方』（総合法令出版、二〇一七年）

御手洗昭治「異文化コミュニケーション講義覚書」（札幌大学未発表資料、二〇一二年）
ミッテルマン、ジェームス『オルター・グロバリゼーション』（新曜社、二〇〇八年）
永積昭『アジアの多島海―世界の歴史』（講談社、一九七七年）
中野卓『日系女性立川サエの生活史――ハワイの私・日本での私　一八八九〜一九八二』（お茶の水書房、一九八三年）
日本経済新聞「最初の一滴」二〇一七年一月二十五日）
『NHK歴史ドキュメント7 シャムの英雄・山田長政の謎――昆布を売った薬売り』（日本放送出版協会、一九八七年）
笈川博一『コロンブスは何を発見したか』（講談社新書、一九九二年）
オカノ、ケネス・T／片山久志『あるハワイ移民の遺言』（川辺書林、二〇〇五年）
大庭みな子『津田梅子』（朝日新聞社、一九九四年）
大塚滋『パンと麺と日本人――小麦からの贈り物』（集英社、一九九七年）
ピレス、トメ（生田滋他訳）『東方諸国記』（岩波書店、一九六八年）
ライシャワー、エドウィン・O『近代史の見方』（原書房、一九六四年）
ライシャワー、エドウィン・O『転機にたつアジア政策』（一橋書房、一九五七年）
ライシャワー、エドウィン・O『ザ・ジャパニーズ・トゥデイ』（文藝春秋、一九八九年）
ライシャワー、エドウィン・Oとの「インタビュー」一九八九年八月二三日（ボストン郊外ベルモントのライシャワー邸と同年九月十九日、テレビ北海道開局記念番組『ライシャワーと北海道』トマム・リゾートにて）
坂元将次、講演「スパイスの歴史と利用方法」（ヱスビー食品株式会社業務営業部東日本食材北海道、第一二回札幌市民と北海道の農産物を食する会、二〇一七年六月二十四日）
サイキ、パッツィ・スミエ、伊藤美名子（翻訳）『ハワイの日系女性――最初の一〇〇年』（秀英書房、一九九五年）

高谷好一『東南アジアの自然と土地利用』（勁草社、一九八〇年）
田中英道『支倉六衛門と西欧使節』（丸善ライブラリー、一九九三年）
鳥越皓之『沖縄ハワイ移民一世の記録』（中公新書、一九八八年）
土屋健治『インドネシア思想の系譜』（勁草書房、一九九四年）
津田梅子「『結婚の話なんかしないで』明治〝アラウンド20〟の悩み」（NHK『歴史秘話ヒストリア』二〇一一年）
高梨健吉監修“Umeko Tsuda & Kenzo Kumamoto, Girls, New Taisho Readers”, Book One, Tokyo Kaiseikan）英語教科書名著選集、第二一巻、（大空社、一九九三年）
津田梅子に関して「ハイカラさん　NHK連続テレビ小説」（一八八二年）
梅棹忠夫『文明の生態史観・地図B』（中央公論新社、一九八六年）
和辻哲郎「鎖国――日本の悲劇」『鎖国』（筑摩書房、一九九六年）
矢口祐人『ハワイの歴史と文化――悲劇と誇りのモザイクの中で』（中公新書、二〇〇二年）
矢野暢『南進の系譜』（中央公論、一九七五年）
山崎孝子『津田梅子』（吉川弘文館、一九七七年）
湯槇ます也訳『ナイチンゲール著作集　第三巻』（現代社、一九八五年）

●編著者紹介

御手洗昭治（みたらい・しょうじ）／編著者

兵庫県生まれ。札幌大学英語学科・米国ポートランド州立大卒。1981年米国オレゴン州立大学大学院博士課程修了（Ph.D）。ハーバード大学・文部省研究プロジェクト客員研究員。

ハーバード・ロースクールにて交渉学上級講座・ミディエーション講座修了。

札幌大学教授、北海道日米協会専務理事、日本交渉学会元会長。エドウイン・O.ライシャワー博士がハル夫人と来道の際、公式通訳として講演等で各地へ随行（1989年9月）。主な著書：『サムライ異文化交渉史』（ゆまに書房、2007年）、御手洗昭治編著・小笠原はるの著『ケネディの言葉――名言に学ぶ指導者の条件』（東洋経済新報社、2014年）、御手洗昭治編著・小笠原はるの著『ライシャワーの名言に学ぶ異文化理解』（ゆまに書房、2016年）、『ハーバード流交渉術――世界基準の考え方・伝え方』（総合法令出版、2017年）

小笠原はるの（おがさわら・はるの）／著者

東京都生まれ。米国バージニア大学大学院修士課程卒。米国ノースウエスタン大学大学院博士課程修了（Ph.D.）。

札幌大学教授。専門はコミュニケーション学、臨床教育学。

主な著書：御手洗昭治編著・小笠原はるの・ファビオ・ランベッリ著『多文化交流時代への挑戦』（ゆまに書房、2011年）。「カナダにおける教育実践の考察――対話とナラティブに着目して」『札幌大学比較文化論叢』（2016年）。K. S. Sitaram, Michael Prosser, (eds.) “Crisis in Communication: A Study of the Creation of Rumors”, Civic Discourse for the Third Millennium（Ablex Pub. 2005年、共著）

グローバル異文化交流史

――大航海時代から現代まで、ヒト・モノ・カネはどのように移動・伝播したのか

2019年1月31日　初版第1刷発行

編著者　御手洗昭治
著　者　小笠原はるの
発行者　大江道雅
発行所　株式会社 明石書店
〒101-0021 東京都千代田区外神田6-9-5
電話　03（5818）1171
FAX　03（5818）1174
振替　00100-7-24505
http://www.akashi.co.jp

組　版　有限会社秋耕社
装　丁　明石書店デザイン室
印刷・製本　モリモト印刷株式会社

（定価はカバーに表示してあります）　ISBN 978-4-7503-4783-7